"问题孩子"抚育指南

[美]伊莱恩·泰勒-克劳斯 —— 著
Elaine Taylor-Klaus

于韡航 —— 译

北京联合出版公司
Beijing United Publishing Co.,Ltd.

图书在版编目（CIP）数据

"问题孩子"抚育指南 /（美）伊莱恩·泰勒 – 克劳斯著；于犟航译 . -- 北京：北京联合出版公司，2022.10

ISBN 978-7-5596-5859-3

Ⅰ. ①问… Ⅱ. ①伊… ②于… Ⅲ. ①家庭教育—指南 Ⅳ. ①G78-62

中国版本图书馆CIP数据核字（2022）第044037号

The essential guide to raising complex kids with ADHD, anxiety, and more: what parents and teachers really need to know to empower complicated kids with confidence and calm
© 2020 Quarto Publishing Group USA Inc.
Text © 2020 Elaine Taylor-Klaus

Simplified Chinese edition copyright © 2022 by Beijing United Publishing Co., Ltd.
All rights reserved.
本作品中文简体字版权由北京联合出版有限责任公司所有

"问题孩子"抚育指南

[美]伊莱恩·泰勒 – 克劳斯（Elaine Taylor-Klaus） 著
于犟航 译

出 品 人：赵红仕
出版监制：刘 凯 赵鑫玮
选题策划：联合低音
特约编辑：刘苗苗
责任编辑：徐 樟
封面设计：象上品牌设计
内文排版：黄 婷

关注联合低音

北京联合出版公司出版
（北京市西城区德外大街83号楼9层 100088）
北京联合天畅文化传播公司发行
北京华联印刷有限公司印刷 新华书店经销
字数172千字 880毫米×1230毫米 1/32 9印张
2022年10月第1版 2022年10月第1次印刷
ISBN 978-7-5596-5859-3
定价：52.00元

版权所有，侵权必究
未经许可，不得以任何方式复制或抄袭本书部分或全部内容
本书若有质量问题，请与本公司图书销售中心联系调换。电话：（010）64258472-800

献给我的父母，他们鼓励我追求人生的意义。父母全心全意的支持让我在心力交瘁地应对复杂的家庭困境的时候还能够保持理智和悲悯。

献给我的合伙人黛安娜（Diane），没有她与我合作就没有这本书。同样献给我们社群里优秀的家长们，他们每天都给我新的启发。

献给我的孩子（还有我的狗狗们），贝克斯（他还有个名字叫艾丽西亚）(Bex & Alicia)、叙德（Syd）和乔希（Josh），他们是我最好的老师。

本书还要献给我的丈夫大卫（David），他一直对我抱有信心，有时候即使是我自己都难以做到这一点。

目 录

引言 /001

写给忙碌的家长、教育专家的简介 /005

第一部分
让混乱重归有序
接受现实：家庭生活就是不完美的 /017

第一章

"孩子很聪明，就是……"：养育"问题孩子"的六类难题 /021

第二章

"这不是我想要的"：抚养"问题孩子"是不一样的过程 /040

第三章

"我用尽各种办法，都没效果"：理解并重新定义何为成功父母 /063

第四章

"我就是想平静一会儿！"：抚养四阶段 /083

第二部分

影响力模型

新范式：像培训师一样做家长 / 103

第五章
"我该从何入手？"：你可以全都做，但不能同时做（设定目标） / 107

第六章
"为什么孩子就不能……"：没有人比你更了解自己的孩子 / 125

第七章
"我家孩子就是没干劲儿"：如何让孩子……（自己填空） / 143

第八章
"所有人都时刻紧绷着"：你说什么不重要，重要的是你怎么说 / 161

第九章
"我不知道什么才切合实际"：设置合理的目标，预设合理的结果 / 180

第十章
"我需要一个办法来解决……"：
建立高效的体系、组织结构，产生切实效果 / 199

第三部分

从想法到行动

让它改变你的生活　/219

第十一章

"孩子需要自己成事"：先缓步培养孩子的自主性，然后再下猛药　/223

第十二章

"我怎么知道有没有效果？"：整合起来　/245

后记：伊莱恩和黛安娜的一封信　/263

团体讨论指南　/267

资源　/275

致谢　/279

引言
Foreword

> 在这种情况下，不要去责备惩罚，而要抱以理解同情。
>
> ——一行禅师（Thich Nhat Hanh）

我得坦白：我认识伊莱恩·泰勒-克劳斯（Elaine Taylor-Klaus）很多年了，我十分尊敬她。所以打开这本书的时候，我无法抱着不偏不倚的公正态度，我喜欢我读到的内容。毕竟，我已经答应她写这则引言，再找借口弃笔会很尴尬。

事实证明这本书要比我预期的写得更好，这让我很高兴。至少在我看来这本书写得不错，不知道在你看来如何，毕竟我不了解你。

不过，既然你拿起了这本书，甚至或许已经买下了这本书，不妨让我斗胆猜一猜你的身份。你很有可能是一位母亲，或许是一位父亲，不过读这类书的母亲比父亲多得多（这挺糟的，不是说母亲读这类书很糟糕，而是父亲大都不读这类书，这种情况很糟糕）。我猜你至少有一个让你担忧不已的孩子，你想要更好地理解他/她，更好地抚养他/她。

当然，你也有可能是一位教师（我爱教师，我爸爸就是一名小学老师，老师们曾经挽救了我的生活。所以如果你是一位教师，我超级感谢你！）；你有可能已经做了祖父母（我有一个很亲密的男性友人，他最近告诉我说："祖父母是唯一没有被过分要求的角色。"我还没当上祖父，但我期待着有一天可以当上）；你可能马上就要做父母了，你也可能是一个"问题孩子"的兄弟姐妹，或者你就是那个"问题孩子"本人。谁知道呢，你也可能只是在堪萨斯州候车室里偶然拿起这本书的游客。

不管你是谁，不管你身在何方，读下去吧。作者经历痛苦涅槃，才让这本书成功问世。伊莱恩饱受折磨，抱着一点渺茫的希望，10年来艰难地抚养孩子，后来她独自坐在林中小屋的门廊上，迎来了被她称作"郝思嘉的涅槃一刻"的瞬间。她站起来，对着天空挥舞拳头，自言自语道："上天做证，我不会让任何一对父母再经历我这10年来遭受的孤独、磨难和痛苦。"

她用这本书践行了承诺，伊莱恩经过一番摸索之后，在书中描述的想法和做法是她曾经迫切需要了解的经验，我认为可能也是你需要的知识。

几年来我一直关注着这本书的写作进展，伊莱恩花了很大力气写作，书里有她的泪水和辛勤的汗水，她的努力让这本书成为佳品。书不会自然而然地写出来,尤其是你自己写的时候就会发现(我了解这一点,因为我之前写过几本),写书就像种树一样,书是一阵阵萌发出来的,你得修剪枝杈细节,浇灌思想精华,给它施肥,然后让它休耕搁置一段时间,如果你足够幸运,最后就能迎来丰收的硕果。

伊莱恩收获了一本不错的书,书里满满的干货实用技巧,辅以来之不易的经验智慧。这本书对读者十分友好,很少说教,是一本经得起时间考验的书。读这本书能帮到读者,解放那些倍受折磨的父母(还有爱着孩子、关心孩子的人),他们只是缺少教养孩子必要的理解、知识和技巧,他们本不必受这些苦。

亲爱的读者,尽情地在书中遨游吧!去字里行间捕捉作者动人的经验和智慧,在日常生活中内化这些经验;去实践书中的原则,和身边有同样困惑的人分享吧;去关注你周围的环境,从关注你自己的孩子开始,尽情享受本书带来的好处,让自己变得更强大吧!

——爱德华·哈洛韦尔(Edward Hallowell),《分心不是我的错》(Driven to Distraction)和《童年,人生幸福之源》(The Childhood Roots of Adult Happiness)作者

写给忙碌的家长、教育专家的简介
An Introduction for Busy Parents and Professionals

> 如果我们内心充满恐惧和绝望，就没法消除他人的痛苦。
>
> ——一行禅师

你并非孤军奋战

表面上看，成年后我的家庭生活头一个 10 年似乎很理想：婚姻充满爱，有 3 个漂亮的孩子、一个舒适的家，与社区的邻居关系很好，有三五好友，家庭关系亲密。如果脸书（facebook）那个时候就流行起来的话，我呈现给外界的画面应该是完美无瑕的。

然而在内里，我却时刻处于崩溃的边缘。我那个有爱而风趣的丈夫完全不关心家庭，是一个病态的工作狂。我的孩子们错过了一个又一个成长过程中的重要节点（3 岁使用基本工具的节点、5 岁开始学习阅读的节点等等），每次去开家长会我都像在走潜在的雷区。我的朋友们给我的建议都以"要是你……

就好了"开头，引得我羞愧不已，他们完全不理解我所面临的问题，不过坦率而言，我也不知道问题到底在哪儿。

我最小的孩子年龄到了4岁，可以做心理测评了，他的哥哥们早就在接受多个方向的干预治疗了。我思忖着："孩子们的神经发育问题，难道完全是我丈夫的责任吗？"我问孩子的心理医生，我是不是也有什么心理问题，因为只有这样才能解释我现在的痛苦挣扎。她说："不，亲爱的，你只是妈妈而已。"

"只是'问题孩子'的妈妈"成了我人生中最艰难的一份工作。我曾经做过的事、学过的东西都没能让我提前准备好，去应对这个挑战——生活被心理医生、教育专家、辅导老师、学校调解、特殊教育项目等诸如此类的东西填满。我当母亲的头一个10年跌跌撞撞地走在黑暗里，独自一人，倍感孤独（即使我的婚姻充满爱）。

快40岁的时候，我做了心理测试，最终发现自己疑似患有学习和注意力障碍，忽然之间我整个人生的问题都有了答案。

我的家人和朋友都很关心我，学校和教育机构也给了我诸多支持，但10年来我仍旧感到迷茫、恐惧、疑惑，在否定和果断行动之间摇摆。我解决了一些"问题"，但是从来没搞明白抚养"问题孩子"究竟意味着什么。后来我渐渐找到了思路，加上改善了孩子们的营养状况，参加了额外的教育培训，生活开始好转了——整个家庭都开始走上正轨。

> 我们没法根除"问题孩子"的"问题"（尽管我努力试过），我只能告诉你：我们绝对能让孩子学会自己去应对他们的"问题"。

之后，我经历了"郝思嘉的涅槃一刻"。那时候我在露营，独自坐在山间小屋的门廊上，惊奇着在短短一段时间内我的境况竟然好转了这么多。我抬头看向天空，举起我的拳头，大声对自己说："上天做证，我不会让任何一对父母再经历我这10年来遭受的孤独、磨难和痛苦。"最后，我意识到一件事：任何一个孩子、任何一对父母都不该像我的孩子和我那样经受10年的折磨，不该像我丈夫一样在他童年和成年之后面临诸多问题，或者像我和我的兄弟姐妹、朋友们一样经历痛苦。我们必须改变一些事情，所有人都是。

毫无疑问，你可能已经知道，给"问题孩子"当爸妈很难，但坦率来说，做个"问题孩子"同样不轻松。然而抚养"问题孩子"并不意味着让自己孤立无助、疑惑恐惧。我们没法根除"问题孩子"的"问题"（尽管我努力试过），我只能告诉你：我们绝对能让孩子学会自己去应对他们的"问题"。

我们的共同点比不同点多得多

每周都会有完全不认识的家长向我敞开心扉，他们是各类"问题孩子"的父母，孩子处于各个年龄段，来自世界各地。

他们给我打电话或者和我视频，上"心智进修班"。我则倾听他们的故事，认同他们的经历，让他们知道怎么帮助孩子，或者让家长知道该向谁求助。

我爱这部分倾听工作，态度认真严肃。这些家长的孩子情况都很复杂，挣扎在人生关键节点之间。许多家长甚至从来都没有机会讲述自己孩子的故事，他们觉得身边没有人愿意听他们说这些故事。家长们和我讲孩子面临的一系列问题：多动症、焦虑、学习障碍、抑郁、对立违抗性障碍（ODD）、自闭症等等。他们向我倾诉沮丧和恐惧，他们怕孩子永远不能过上独立、成功、有意义的生活。

家长们向我吐露秘密：要是他们知道该怎么帮孩子，他们就能做得更多；有时候有人会告诉我他们根本不喜欢自己的孩子，也享受不到为人父母的乐趣；有些人则说他们已经做了太多的事情去帮助自己的孩子渡过难关，经济代价高昂、情感投入巨大。

最后，他们心碎地告诉我，迄今为止，看起来什么效果也没有。

你知道吗？

不管父母或者祖父母年龄多大，他们的孩子年龄多大，家长所居何方，教育水平如何，经济状况、社会地位如何——不管家长们之间有多少不同——他们永远都有一些共同点，这些共同点超越了他们所有的不同之处。有时候，家长们觉得孤立无援，千夫所指。

家长们因为家庭关系紧张或者担忧孩子的前途而备感沮丧，他们想要同样的东西（除了要求我去和他们住上几个月之外），他们希望：

· 心灵平静、重获自信

· 改善家庭关系

· 能够确定孩子会好转

家长们希望能够找到一个清晰的解决办法，一个可以跟着操作的实用指南，让他们能够把父母这份工作做到最好。

本书旨在提供一份沟通性质的实用指南，是给那些"问题孩子"的家长们看的，也是给服务于"问题家庭"的专家们看的。本书不会具体地讲述任何儿童问题的病理细节，而是填补领域空白，给成年人一份战术图解，让家长们能够更好地养育"问题孩子"。

本书受到专业的培训与转变管理项目的启发，将会探索应用"影响力模型"（Impact Model）的具体实施步骤。这个方法是我和商业伙伴黛安娜·登普斯特（Diane Dempster）在创立 ImpactParents（影响父母）网站的过程中一起探索出来的。模型提出的问题解决方案简单高效，你很快就能够将核心概念和基本策略应用到日常生活中，做出长久的改变。不知不觉中，你会像一个培训师那样抚养教育你的孩子，重新发现抚养"问题孩子"的乐趣。

你是否需要读完整本书？

本书将带你领略简单的家长管理方法，书中的讲述易学易懂，容易记忆，并且每一部分都贯彻了本书的核心理念和策略。每一部分都短小精悍，易于理解，让你容易吸收消化。我建议你从头到尾读完这本书，每翻一页你都会发现新的东西，发现能够立刻使用的技巧指南。

但是实际上，要每个人都从头到尾读完这本书是基本不可能的，我也不会过于计较这件事。你如何使用这本书——就像你如何做任何其他事一样——取决于你自身。抚养"问题孩子"没有统一办法，读这本书自然也没有统一方式。当然，如果你能够全部读完，自然会收获更多，但我允许你用对自己最有利的方式去读这本书。

你如何理解信息、如何投入阅读时间、你的焦虑程度如何、你的目标、你的动机，以及你后续的行动都会影响你读这本书的方法。也许你会：

- 从头开始读，发现价值很大，但是在情况改善之后逐渐分心。

- 从最吸引你的章节开始读起，这个章节在你看来是个速成法。

- 从引言、图画或者副标题开始读。
- 仅仅阅读每一章节的方法部分。
- 读完所有内容。

所以，让我给你一个作弊小纸条（备忘单），画出一些部分或者章节，这样你会找出对你来说比较重要的部分。当你决定了要读什么的时候，你就已经在实践"影响行动模型"（Impact Action Model）了。

1. 画好重点
2. 收集信息
3. 制订计划
4. 采取行动
5. 预估计划中可能出现的变数，调整计划，重新尝试
6. 在此过程中照顾好自己

是不是听起来像是一个管理生活的方法清单？

本书三大部分

第一部分（第一章到第四章）：帮你的孩子处理好他们面临的关键问题，指引他们走向独立之路。你的孩子可能有大脑

方面发育异常的问题（比如多动症、焦虑、学习障碍、感知异常、对立违抗性障碍、自闭症、双相情感障碍、过度依赖、抑郁、妥瑞氏综合征等等），或者是有代谢异常问题（比如青春期肥胖、脂泻病、食物过敏等等）。因为一种（或者一些）慢性症候，这些孩子都成了"问题孩子"，孩子们必须学会自己应对麻烦，最终在生活中取得成功。

第二部分（第五章到第十章）：解释说明如何在实际生活中运用"影响力模型"的每一步骤，配上具体的案例和方法策略。第六章、第七章和第八章将这个方法和其他抚养范式区分开来。

第三部分（第十一章到第十二章）：提供具体行动方法、评估、调整指南。期待拟采取的任何行动都能立刻取得成效是不切实际的，所以你要学会微调策略以改进成果。

每章构成

讲故事：虽然这些短故事不会描述出你独有的经历，但是故事能够抓住一些让你备感熟悉的核心问题，为整章奠定基础框架。

陈述问题：如果想要真正解决问题，做出长远改变，清晰地说出你正试图解决的"问题"通常是一个被我们忽略的核心环节。

训练框架：让你能够从一个新角度——培训师的角度——

照顾好你自己

想象一下： 你和家人乘坐一个木筏顺水漂流，一股湍急的水流把你冲进水中。你没有时间恐慌——你必须快速决定。你的孩子坐在木筏上，孩子需要你，而且水里又冷又危险，你越早回到木筏上越好。你伸出双手，以便木筏上的向导可以把你拉回来。

你会伸手吗？

如果发生一些事情让我们生活失衡，我们做父母的会有一股奇怪的冲动，拒绝让别人将我们拉回正轨。好像我们太关心待在船上的孩子，导致我们无暇拉住伸向我们自己的援手。我们留在水里，徒劳无益地在木筏后面踩水，而这根本没法帮助孩子躲避下一股湍流。

我们必须将照顾好自己放在首位，接受他人的帮助，这样我们才不会无助地看着孩子被水流冲走。

去行动，解决问题。改变看问题的角度有利于改变行动结果。

推荐方法： 基于前述问题和框架，这部分是可以立刻执行的策略方法。

拒绝： 抛弃旧想法、旧模式、旧方法，让书中方法更有效。

接受： 你可以融入自己的想法，改进行动效果，让自己成功。

自我对话来照顾好自己： 很有帮助，鼓励把"照顾好自己",而不是"关心自己"放在待完成清单里。

自我提问来发现新视角：我强烈建议你记日志，这样日志中的问题可以在你合上书很久之后继续指引你发现自我。

关于语言

语言是有效沟通的有力工具，也是摧毁他人的武器。工具和武器之间仅仅一线之隔。整本书我都会特别注意语言：

- 一些情况下我会给出建议，教你讲话，让孩子（另一个家长、老师）更容易理解你。
- 我会警告你一些话语和表达会激起对方的防御性反应。
- 我会让你注意到措辞和语气的重要性，鼓励你使用这些词句和语气，让你和最珍惜、最重要的人关系更亲近。
- 我会告诫你，如果你不注意你说出口的话以及你说话的方式，可能就会无意中伤害他人。

性别统称代词

随着我们的孩子日渐成熟，他们会不断地向我们这些父母提出新要求。2018年，我最年长的孩子选择成为"无性别者"（nonbinary）并且要求我开始使用性别含混的统称代词"TA"称呼他。坦率地讲，作为一个写作者，我觉得这个代词很怪异，对我来说这是一个艰难的适应过程，大多数时候我都没法习惯这个代词。

为了尊重孩子的要求，转变代词使用习惯——也是为了多练习，让我更自然地使用这个代词——整本书里，我用"TA"指代单数人称会多于传统用法中的"他"和"她"。我希望你能允许我满足孩子的需要。我一直在尝试使用这个代词，直到我能够像他们那一代人那样习以为常地使用这个代词。

这本书究竟是写给谁的？

虽然这些故事和案例大多数是给家长看的，本书的方法其实对服务学生和家长的专家们也有指导性——这些专家包括教师、辅导老师、心理医生、顾问、临床医师、居家观察的行为主义心理学家等等。任何人都能够从专业培训师的角度帮助年轻人走向自主之路。

最后这本书也是写给患有心理疾病的成年人的。我们中的许多人从没学习过如何理解自己，如何应对焦虑、多动症或者其他各种让生活变糟的疾病，因此本书中的一切内容都同样适用于成年人。如果你想解决自己独有的复杂问题，成为更好的自己，你可以用本书提供的方法管理自己的生活。这些方法对我、我的丈夫、我那些处于青春期的孩子、我的员工，还有我那些在全球各地的上千个客户都有效果。

自我提问、自我发现

・你希望本书帮你达成什么目的?

・本书的哪一部分吸引你?哪一章吸引你?

・每一章的哪一节最吸引你?

・改变你说出口的话语和语气的关键在于什么?

・你之前是如何忽视自己的?

・读了这本书,你想帮助谁?(提示:这可能是一个棘手的问题)

第一部分
PART 1

让混乱重归有序
Turning Chaos into Calm

接受现实：
家庭生活就是不完美的

Embracing A Famliy Life That's
Perectly Imperfect

你的孩子是"问题孩子"吗?

很多家长经常要面对生活的疾风骤雨,毕竟生活就是这么难。但是如果孩子是"问题孩子"——在生活、学习上遇到难题的孩子——的话,我们会觉得永远没法放下心来,似乎总有暴风雨在酝酿,随时会降临到我们头上。

这是幻觉:天空是蔚蓝的,遍布阳光。但是你看到了乌云在逼近,近到无法忍受。而且你永远不知道乌云什么时候会忽然笼罩在我们头上,然后在你行进的途中开始下雨,你也永远不会知道孩子遇到的问题什么时候会让整个家庭都遭殃。

如果你总是感到如履薄冰,战战兢兢,那么你可能和我一样,都在抚养"问题孩子"。

- 你是否因孩子懒惰、不尊重人而担忧不已?
- 看到孩子遭受痛苦,你是否感到无能为力?
- 你的孩子是否总是大发脾气,然后又十分后悔地道歉?
- 你的孩子是不是很难交到朋友,很难维持友谊?
- 兄弟姐妹之间的争吵是否严重到超乎想象?
- 你那聪明的孩子是否会觉得自己"愚蠢",在学校表现糟糕?
- 你是否经常和伴侣因为孩子而发生争执?
- 你是否觉得孩子"不对劲",但却没找医生诊断过?
- 你的孩子是否被确诊患有慢性疾病?

也许你的孩子已经被确诊患有多动症、学习障碍、焦虑、抑郁、自闭症、感觉处理异常、食物过敏,或者其他相关疾病,也许没有。

孩子表现不佳，背后很可能是有原因的。如果你觉得对孩子的问题无从下手，或者你用尽一切办法，但是无一奏效，那你的孩子无疑是"问题孩子"。

本书第一部分会揭秘养育"问题孩子"究竟意味着什么。所以，我希望你深吸一口气，然后慢慢地吐出。之后再深呼吸，慢慢吐出。让你的呼吸变得绵长，之后我们就可以开始了。

如果你觉得对孩子的问题无从下手，或者你用尽一切办法，但是无一奏效，那你的孩子无疑是"问题孩子"。

萨拉的故事

萨拉只想有一个家，此外别无所求，但是事情并不像想象的那样容易。萨拉和她的伴侣杰克拥有两个健康的孩子，对此两人感激不尽。萨拉花费好多年时间才愿意承认她那天堂般的生活中也有麻烦。最大的孩子8岁的时候，变得很古怪，情绪波动很大，而5岁的幼女也显出相同的特质（虽然很大可能是学了哥哥）。萨拉感到十分担忧，她花费大量时间寻求帮助。杰克觉得萨拉有点反应过度了，她过于溺爱孩子，而且太温柔了。萨拉和杰克处理问题的方式完全不同，两人的婚姻关系也受到了严峻的考验，这是他们始料未及的。萨拉越是向外寻求帮助，杰克就越想用严厉的手段管教孩子。萨拉越来越不满。萨拉非常希望两人能够步调一致，但她毫无办法。

重点：萨拉花费好多年时间才愿意承认她那天堂般的生活中也有麻烦。

第一章
CHAPTER 1

"孩子很聪明,就是……"
"This Kid Is Really Smart, but…"

养育"问题孩子"的六类难题
Six Challenge Areas for Families with Complex Kids

> 如果客观地看待那些让我们极端痛苦的问题和意外,你会发现它们根本没有那么严重。但是因为我们不知道怎么解决它们,这些问题就显得极为可怕。
>
> ——一行禅师

六类关键难题

你的孩子很痛苦,你也觉得痛苦。你们每天都遇到难以想象的问题。家庭生活不再让人快乐,而是变得让人恐惧。你面临的每一个难题都影响着家庭生活的方方面面。

创立 ImpactParents.com 网站的过程中,黛安娜和我发现把我们遭遇的难题归纳为六类很有用,许多家庭可能会遭遇某一类问题,或者多类问题,甚至可能六类问题都遇到了。仔细思考每一类问题的含义,看看是不是和你家现在遇到的困难很像。

问题 1:情绪难控

孩子很容易生气、太过于害羞、过度墨守成规、太严肃、总是轻易放弃,或者太感情用事,他们可能有情绪管理上的问题。他们的情绪阈值可能较同龄人来说更高或更低。当他们听到"不"或者遇到不如意的事情时可能就会忍不住发脾气。当别人不遵守他们的"规矩"时,孩子会感到无所适从。不管怎样,孩子因为无法在情绪上进行自我管理而备受折磨。

问题 2:生活能力欠缺

孩子做事不利索,但自己却丝毫不觉得。孩子不愿意收拾东西,总是乱糟糟的。孩子可能在计划、取舍、时间管理能力上有欠缺,或者他们有拖延症。他们的房间是垃圾场,书包总是乱糟糟。孩子可能很不听话,总是丢东西或者忘性大。孩子没法经管自己的物品,也没法做好分内的事。

问题 3:在家、在校表现不佳

你的孩子可能很聪明(甚至很有天赋),但是在学校表现却很差。即使尝试诸多办法,孩子还是没法发挥自己的潜能。学校的家长汇报总是这样写:如果孩子能更努力、更专注、按时交作业,那么孩子的表现会更好。说得就好像做到这些事情很容易一样。孩子可能做了作业但是忘记交，或者干脆忘记做作业，甚至没找对题目。孩子总是不愿意开始做事，总是在最后一分钟求助家长，或者畏惧学习。孩子很难满足家长、老师对他的期望。

问题4：混乱日常

孩子的每个早晨、工作日的中午、周末、睡前，甚至有时学校的课间时间都比你想象的要更难度过。这些基本的日常安排孩子几乎不可能一帆风顺地度过。你的孩子总是需要耳提面命才能够把精力放在学习任务或者其他事情上。即使你经常提醒他们，他们也学不会顺序思考，更没法记住你给他们制订的流程表。强令禁止的方法根本没用，奖励诱惑也很难长期奏效（或者根本就没效果）。孩子就是没法用什么简单的方法把生活过得平顺点儿。

问题5：人际难题

家里关系很紧张，总是发生冲突（孩子或者家长挑起）。你担心孩子根本不知道怎么交朋友，并维持友谊。如果家里人不理解孩子的行为，孩子可能没法和家人相处。你可能和伴侣有分歧，不知道如何才能更好地帮孩子解决问题，或许你的婚姻面临压力，岌岌可危。临时保姆根本没法看好你的孩子。你爱孩子，但是有时候你和伴侣之间不同步，感觉不到和伴侣之

情绪失控

在家、在校表现不佳

生活能力欠缺

家庭影响

起床

混乱日常

人际难题

间的联结。你的孩子在人际关系上面临难题。

问题6：家庭影响（对家长或兄弟姐妹造成影响）

　　这和你最初做父母时的期待完全不符，你一直希望情况能好转。谁能想到当父母这么难呢？你沮丧、失落、难过、困窘、愧疚、恼火、筋疲力尽，有时候你根本不想回家。你已经拥有了这么多，你应当感恩，但有时候你会隐秘而愧疚地想让这些问题都见鬼去吧。你因为抚养一个"问题孩子"而痛苦不堪。

对自己面临的问题了解得越清楚透彻，就越能找到更好的办法解决问题。这本书就是希望我们能一起解决问题，从转变你看待家庭问题的思维方式开始。在培训（coaching）领域，我们将这个转变叫作"重塑思维"（reframing）。

重塑思维：为人父母需振作，勿绝望

我和"问题孩子"的家长谈话时，总能感觉到父母对孩子爱得深沉浓烈。家长们坚持不懈地投入，只想着让孩子过得好，却牺牲了自己的健康和幸福感。

"问题孩子"的父母总是勤劳、刻苦、机敏、专注，同时他们筋疲力尽、不堪重负、极度恐惧、苦大仇深、偏执奉献。

如果不照顾好自己，就很容易陷入绝望。事实上，我接到家长们打来的电话，第一句话通常是"我很绝望"（下一句通常是"我只是希望能平静一会儿"）。

家长陷入绝望可没法有效地激励孩子去发挥潜能。当我们带着绝望养育孩子的时候，只会关注哪里出了问题，哪里没取得效果，或者那些我们害怕出现的情况。我们的能量池里蓄满恐惧，而孩子能感受到这一点。如果我们相信孩子能做到，或者不能做到，其实都能预料准确——因为孩子是从我们那里得到了暗示。

重塑思维，看到孩子的优点。

当我们转而用昂扬振奋的心态抚养孩子，就会发现孩子有无限可能。从悲观主义转向乐观主义是一种很传统的思维转换方法，把只有半杯水转换为一杯水竟然满了一半。我小时候，有一个兄弟是个悲观主义者，而另一个兄弟则是乐观主义者。我父母曾说过，如果我那个乐观的兄弟走进房间，发现里面全是马粪，他会一边高兴地铲屎，一边欢呼："房间里一定有一只小马驹。"我曾经很想做一个他那样的"乐天派"（也就是乐观主义者）。虽然我那时还很小，但却能感觉到乐观是应对生活更好的方式（至少是更让我们开心的方式）。

我们总是容易把注意力放在搞砸的事情上，然后让糟糕的事情主导情绪反应。但是这会让我们更容易灰心丧气。所以，我希望你能根据上一部分的归类搞清楚你究竟想要改善什么类型的问题，重塑思维，看到孩子的优点。

在这本书里，我的工作是帮助你走出绝望情绪。你会振奋起来，孩子其实潜力无限，他们有能力脱胎换骨，长成不可思议的大人。我会引导你看到孩子身上的可能性，相信自己身上有独特的能力，能够帮助孩子达成目标。

想要让孩子对自己抱有信心，你就必须摆脱自身的绝望情绪。摆脱绝望不意味着盲目乐观地相信孩子能应付问题，或者假装问题不存在。正相反，摆脱绝望情绪意味着你要客观实际地看问题，摆脱羞耻、自责、恐惧这些情感包袱，之后你就能够娴熟、自信、冷静地应对难题。

重塑思维案例

我的一个顾客提供了这个重塑思维的案例,并且授权我可以分享:

"我有一天忽然醒悟,我儿子的多动症一直是我的心病。但是这并不完全是坏事。我忘记了其实多动症也有一些别样的好处。我的心里一直充斥着负面的东西,却忘记考虑到好的一面。所以我选择重塑大脑!下面是我的重塑清单。"

- 无法集中注意力→思维灵活
- 过度活跃→主动性强
- 强迫症→有创造性
- 过度专注→算是个超能力
- 分心→能够从环境中看到变化,其他人做不到
- 情绪失控→直率地表达情感
- 不专一→好奇心强
- 冒犯别人→渴求程度高
- 没法专心做一件事→看到别人看不到的事物之间的关联
- 健忘→深度参与正在做的事情中
- 没条理→有自己的主意
- 固执→执着
- 情绪起伏→敏锐

就我个人来说，我在我两个兄弟之间取长补短：我成为一个讲求实际的乐观主义者。我能看到问题在哪里，却仍旧选择寻找"小马驹"，你也可以。你可能想知道更多，希望搞清楚孩子的问题在哪里，观察其他家长的经历，或者找新的方法解决老问题，你不是一个人。你和孩子的未来有希望，有无限可能。只要你能摆脱绝望，你就会发现振奋的态度不仅能鼓舞自身，最终还能让你的孩子发现发挥潜能的最佳路径。

方法：别管那些"应该做的事"

做父母之前，我们期待过自己将会成为什么样的父母，我们会养育出什么样的孩子。我们想象伴侣为人父母的样子，想象我们会建立起一个家庭。之后，我们会注意到外界也对我们抱有期待——我们的父母、岳父母（公婆）、兄弟姐妹、邻居、朋友等等。媒体、助产士、陪产看护、医生、关于孕期的书籍和课程等都在向我们灌输外界期待。最终孩子的老师、学校和生活中的那些专家也对我们抱有期待。

不知不觉间，我们就被别人那些不切实际的期待之网罩住了。这些所谓"应该做到的事情"让我们渐渐忘记了我们真正的想法，我们忘记了想要让孩子成为什么样的人，我们忘记了曾经希望的家庭生活是什么样的，我们忘记了自己想要成为什么样子。我们根据外在的期待——"导航仪"——经营我们的生活，试图满足所有人对我们提出的"应该做什么"的要求。

我们最终用"应该做什么"要求所有人，认为孩子应该做到以下所有：

- 4个月大就能睡一整晚；
- 在上幼儿园之前就学会阅读；
- 每天吃5种水果蔬菜；
- 不吃任何人造糖；
- 听从命令（第一次就听，每次都听）；
- 永远语带尊敬；
- 直接做作业，不抱怨；
- 不和兄弟姐妹打架；
- 轻而易举地交到朋友；
- 不害羞，不过度活跃，也不胡搅蛮缠。

这个清单可以加长。从孕期规定（你吃的每一口食物、你工作的时间、你旅行的计划等）开始，试管授精阶段要接受监督（会有人告诉你"放轻松就行"），领养机构也会列出"应该"事项（要求你交一大堆材料，做一大堆保证）。"应该"清单还有对孩子的喂养方式、医疗看护、入学等方面的要求……这个要求会无限地增加，除非你能意识到一件事：你不能为了满足别人的期待来抚养自己的孩子。

因为我们把这些"应该"事项内化于心，说服自己这就是

"好父母"应该做到的事，所以我们根本没有意识到我们为了满足别人的要求花了多少精力。想要成为别人眼中的好父母很正常，但是在此过程中，你是不是已经看不清对你来说最重要的是什么了？

你是不是做什么都根据"应该"清单来做？

· **注意你的措辞**。注意你使用的一些带有强制色彩的词语，比如"必须""需要""总该""应当""只能"，还有"应该"。

· **注意你的感觉会引导你的行动**。当心你可能是出于尴尬和羞耻或者是为了让大家高看你和你的孩子而做出一些行为。

· **注意你的孩子**。当心他们可能会掩饰自己遭遇的困境，让自己看起来是个"好孩子"该有的样子。

要想摆脱"应该"魔咒：

· **注意每一个你觉得"应该"的根源是什么**。究竟是因为你觉得这重要，还是别人觉得这重要？

· **判断这件事对你来说是不是真的很重要**。问自己："对我来说这件事有什么重要之处？"

· **改变你的措辞**。把那些带有强制色彩的"应该"替换成"想要""将要"或者"选择做"。注意改变措辞对你的思想和感受的影响。

一旦你想清楚自己为什么会有"应该做的事",你会发现,这本书里有几十个方法可以让你摆脱"应该"清单。我还建议你了解自己的价值观,价值观反映出对你来说重要的东西是什么,你拥护什么,是什么赋予你人生的意义。如果你想要开始行动,试试这个网站:http://impactparents.com/parents-clarifying-values/。你的价值观将会是指引你做出决定的最好指南。为人父母,知道什么是最重要的事情,在此基础上做出决定——重塑价值观也是一个摆脱"应该"清单的有效方法。

不要憎恨

我的丈夫大卫·泰勒-克劳斯(DTKCoaching.com 网站创始人)在他的博客文章《共同抚育:步调一致》(*Parenting Together: Getting on the Same Page*)中这样写道:

> "自以为沟通过"(imaginary conversations)几乎毁掉了我们的婚姻。做父母的前10年,我和伊莱恩之间对于如何抚养孩子的沟通都是在想象中进行的……当父母中有一方觉得自己是一个人在带孩子,内心就会产生恨意,沟通就会陷入停滞。父母之间关系的破裂更多的是因为那些没说出来的话,而不是已经说出来的。

当事情发展不如预期,你就会为自己的失望找理由。当你觉得有点儿不公平的时候——也许是你的孩子面临困境，而帮孩子解决难题的担子都落在你的头上——憎恨就会产生。

有时候我们憎恨他人——伴侣、其他家长、老师，甚至是朋友们——因为我们觉得这些人根本就不明白，我们现在迫切地想要帮助自己的孩子。有时候我们憎恨自己，为孩子付出太多，而不关心自己，最终放弃自己。结果我们会被憎恨或者愧疚淹没。

憎恨悄无声息地产生，而且蔓延迅速。憎恨让有效的沟通停滞，给亲密关系制造障碍。憎恨导致刻薄、责难、自苦、受虐。但是当我们敞开心扉沟通的时候憎恨就会瓦解。

> 许多年过去，很多事情都变了，但是我们现在很清楚，我们永远不会放弃彼此，也不会放弃我们和对方共同创立的家庭。伊莱恩从来没有放弃过我，即便我们步调不一致。她相信我的本意是好的。随着时间推移，她越来越了解多动症，她想办法和我分享自己学到的知识，虽然我并不情愿。在我们的对话中，指责越来越少，憎恨越来越少，对彼此的接纳和对孩子的接纳越来越多。

克服憎恨情绪的最大障碍就是我们无法释怀，我们觉得耿耿于怀是情有可原的，相较于艰难地沟通，憎恨对方更容易。相比于向别人分享我们真实的想法，或者表达我们自己和孩子的真正所需，憎恨要让人感到安全得多。克服憎恨情绪，停止责备他人，不再自怨自艾对我们来说不太容易，因为这需要我们暴露弱点。

大卫在文章结尾向家长们提出挑战："开始一场全新的对话，问你的伴侣看重什么，倾听对方，保持好奇。先不要做出大动作，探究对方看问题的视角，寻找共同点。"

如果你觉得自己蒙受不公，憎恨是情有可原的。坦率来说，很多时候世界就是不公平的。但是你要记住，憎恨只会让伤口溃烂，最终导致关系毁灭，憎恨会让你无法成为你想成为的人。放下憎恨取决于你，需要你自己放手。我知道这不容易，但是我向你保证，摆脱憎恨值得你付出努力。

学会接纳

我的长子总是自行其是。坦率地说，他和我的生活几乎完全不在一个调子上。虽然我很确信对于他来说，根据自己的实际情况生活是有益无害的，但有时候对于我来说情况就比较棘手了。说实话，我很多时候都不知道"实际情况"究竟是什么！

许多年来，我发现我错过了孩子的很多成长节点。我和我

> 某些时候家长们需要修正自己的期望，适应孩子的实际情况，不要把期待建立在想象中。

的朋友们也并不同步，有时候我真嫉妒他们。我的孩子的发展轨道和朋友的孩子完全不一样，所以我很难和同龄人有共鸣。有时候我能从容应对这种情况，但有时候孩子的"与众不同"让我备受打击。

拿我长子高中毕业这件事举例。我想象了很多年，希望看着我的孩子在毕业典礼那天穿过学校的演奏大厅走上台。然而实际上，我的孩子们从特殊学校毕业，学校在另一个州，班级里有15个孩子，都很聪明但是都有这样或那样的问题，学校是一个"特殊天才"学校。[1]

我们参加的毕业典礼很可爱，有点像在后花园里办的派对，典礼上的家长们互相都不认识。虽然我觉得在这个典礼上我好像一个客人，但是我和其他家长的共同点比我想象的还要多。这些家长不认识我们，但他们却明白我们的人生经历，明白抚养一个极度聪明，但是问题也很多的小孩意味着什么。家长们明白教育一个没法自然而然地"应付学校生活"的小孩要面临多少难题。

我的孩子除了艰难地获得了一个学校的毕业证书，还像他们的同龄人那样走过了一个重要的人生节点。他穿着礼服，戴着学士帽，穿着靴子，参加典礼。孩子在校内和校外取得的成

---

[1] 2E: Twice Exceptional，双重特殊需求学生，指同时兼具障碍与资优特质的学生，为这样的孩子设立的学校被称为"2E"学校，此处将其译为"特殊天才"学校。——译者注

功被认可、被庆祝，我坐在那里，心满意足，和我的同龄家长们一起欢呼庆祝。

我已经逐渐接受孩子的人生选择了。我站在孩子曾经的游戏场地外的观众席，温柔地提醒自己孩子已经离开了这个场地，去寻找更适合自己的游戏了，我真的为他感到骄傲。

我们的生活和孩子的人生搅在一起，我们对孩子的期待与我们对自己的期待纠缠在一起。孩子们面临的问题改变了他们未来的道路，孩子遇到的困难也影响了我们看待自己的方式。接受孩子本来的样子，同时也意味着重新勾画我们自己的梦。

想要给孩子的成长、发育提供有效支持，某些时候家长们需要修正自己的期望，适应孩子的实际情况，不要把期待建立在想象中。罗斯·格林（Ross Greene）2019年在世界多动症大会（International Conference on ADHD）上发表演讲，题目是："对于家长来说最重要的任务是了解孩子本来的样子，适应孩子本来的样子。"

自我对话：预见未知（放马过来吧！）

我有一段时间负责给孕妇上瑜伽课，我热爱这份事业，帮助夫妻在生理和心理上准备好迎接孩子的新生，应对产后诸多难以预料的难关。那段经历教会了我很多道理，其中对我影响最深的就是我们所谓的抚养与陪伴其实不过是"人类一准备，上帝就发笑"罢了。简单来说，期待意外并为意外做好准备，这个道理可以让我们终身受益。

养育"问题孩子",事与愿违是很正常的。你的人生道路上会有很多小挫折,这些小挫折你根本想象不出来。有时候,这些小问题会让你的人生完全脱轨。

但是大多数时候,真正的危机并非我们所想象的那样,更让我们沮丧的其实是事情没有按照计划发展。事与愿违让人焦虑——为孩子感到担忧(孩子本身有焦虑症则更是如此),为我们自己担忧。

事情发展不顺利的时候,我们吓坏了,难过至极,想要做殊死搏斗。或许我们也能接受意外的发生,在绝境中寻找一线希望。遇到让人难过的伤心事,其实培养了我们的韧性,也是从中学习的好时机。我把看到事情积极一面而非消极一面的能力称为"放马过来吧!"态度。这个人生准则在我为人父母的时日里给了我莫大安慰。

我希望你能够学着信任自己,要明白——不管生活中出现什么问题——你都能挺过去!你可以打回去、抓住它,或者躲过去,不论你用什么方法。不管生活中出现什么样的意外——生活中肯定会有意外——你都可以学着信任自己,你是有创造力、足智多谋的,不管遇到什么问题,你都能应付。

最终你会学着优雅地、微笑着去应对意外。当你的孩子试图一次性冲掉一卷卫生纸(真实案例)的时候,你会想笑多于想哭。

如何才能相信"我能行！"

提醒自己我们其实已经准备好应对意外了。

意外令人沮丧，这情有可原。情况越来越糟，我们要有意识地控制自己暴烈的情绪，还要让孩子学会同样的处事方法。孩子们愤怒的时候可能会把墙砖打下来或者尖叫着把头埋进枕头里。要尊重暴烈的情绪，并学着从低落情绪中恢复过来（见第二章）。

不要让孩子觉得没有你（或者孩子自己）所期望的自控能力是"做错了事"。让孩子明白学会自我管理需要时间。转变你的思维方式。比如：

- 如果你的孩子被情绪裹挟，教他们学会平复情绪。
- 时刻牢记你的孩子需要持续的鼓励。
- 接受现实，自控需要慢慢习得，就像一次只能学会一种餐桌礼仪一样。
- 纠正孩子，但不要带着指责口吻，避免让孩子觉得难堪，他们还没有成长到那个程度。

设定目标：面对任何让人不安的事情都要保持冷静（见第五章）。你越是冷静，对每个人就越有好处。

如果你确定自己可以，也要时刻提醒自己"我能行"。这样当你没那么确定的时候你也能相信自己。成功乃成功之母。

即使你现在不知道自己该怎么办，也要相信你最终会想出办法。

时刻牢记你是一个有能力应对问题的成年人。说真的，当你把心思集中在问题上的时候，你会变得足智多谋，能力非凡，效率极高。你无须提前确定自己能做某件事，然后才去做这件事。不管发生什么事，你都搞得定！

自我提问

- 上述六类问题中，你有哪类问题？
- 你是一个鼓舞人心的家长，还是绝望的家长？
- 你想要摆脱什么"应该"做的事情？
- 你憎恨什么？
- 你想接纳什么？
- 什么时候你会提醒自己"我能行"？

雅尼娜的故事

父母是什么样子，孩子就会是什么样子。雅尼娜很可能和她的孩子们一样，也患有多动症和焦虑症，她从来没有去医生那里确诊过，也没接受过治疗。在成家之前，雅尼娜顺利地从学校毕业，她的表现还算不错，就是经常会因为迟到、健忘或者一些"愚蠢"的错误感到懊悔自责。她和一个很有条理的男人结婚，丈夫被她身上的活力深深吸引。但是当雅尼娜负责养育家里的 3 个孩子时，丈夫却总是指责她不够尽力。不管表面看起来她的生活有多好，内心她始终觉得自己在崩溃的边缘，除了她愤怒地发脾气时——有时候是对孩子发泄，更多时候是对丈夫和自己。我建议她不要再责备自己，而要原谅自己，这样才能更有效地解决问题，她释然地哭了出来。她第一次学会去欣赏自己做过的事情（排除万难才做到），而不是从自己没做的事情上找问题。

重点：雅尼娜总是自责，总想哭，只有愤怒发火才能宣泄。我建议她不要再责备自己，停止多年来的自我折磨，她释然地哭了。

第二章
CHAPTER 2

"这不是我想要的"
"This Is Not What I Expected"

抚养"问题孩子"是不一样的过程
Parenting Complex Kids Is Different

> 好的环境可以让我们变得更好,坏的环境会让我们变得更糟。
>
> ——一行禅师

常见(但没什么用处)的抚养方式

麻烦上门,不要不改变做事方法闷头应对。为人父母肯定不止一条正确的道路,不过有些养育方法不仅不正确,还会让情况更糟糕,害了所有人,也包括你自己。

以下是一些不怎么有效的方法,但却是抚养"问题孩子"的家长们典型的应对方式。有时候这些方法会起点作用,但完全是诱导性的作用;时间一长,就会造成摩擦冲突。如果你已经用尽办法帮孩子改善——包括阅读相关书籍、去看医生,甚至去上专门的家长课程，这些办法都能让你搞清楚为什么你的情况还是没什么改善（你可以做一下我们网站上的"养育小测验"，网址是 impactparents.com/help-for-parents/pareting-style-quiz/）。本章其余部分会介绍一些方法，让你能够转变养育方式。

愤怒的安和愤怒的安迪：你经常生气、发脾气，虽然你并不想这样，这太令人沮丧了。不管你做什么似乎都不够。你觉得你没法休息。你会说："我觉得我总是在吼叫，但我的性格并不是这样。"

超级家长休：你总是井井有条。你似乎能控制好一切，但你做得太多了，超出了常人能承受的程度。你想让其他人也能跟上你的脚步，做点他们分内的事情，但是你没时间等他们，也没时间等他们学会。在内心深处，你倒是情愿什么事都自己做，虽然你总是抱怨说："我做了所有的事情，做了太多事情！"

迷茫的洛伊丝：你感到孤独，你周围的人不理解你经历的痛苦。你竭尽所能地抚养孩子，打理家庭，满足所有人的需求。你已经失去方向感，觉得自己在原地打转。你总说："我不知道要做什么，我觉得迷茫、孤独。"

累惨了的玛克辛：你筋疲力尽，不知道该怎么办了。做什么都没用，而且说实话，你已经厌倦了不断尝试。你想做好父母，但是有时候就是想放弃。你希望能有办法——什么办法都行——起点作用！你说："我筋疲力尽，我还能坚持多久？"

能搞定一切的弗朗：你把能想到的办法都拿出来试了，想

愤怒的安　　　愤怒的安迪　　　超级家长休　　　迷茫的洛伊丝

帮孩子解决问题。你试完这个试那个，决心要找到一个有效的办法解决问题。你知道该做点儿什么，而且总能给孩子提供各种办法去解决问题（但是他们很少采纳）。你说："我会竭尽所能帮助孩子。"

关于性别刻板印象的小贴士

愤怒的安和愤怒的安迪这个说法是想告诉大家不管男女，我们都有各种情绪。冷漠的丹也可能是个女人，唠唠叨叨的南也可能是个男人。我们每个人都有点儿这样那样的问题，别让性别分散你的注意力，让你注意不到自己的问题。

累惨了的玛克辛　　能搞定一切的弗朗　　唠唠叨叨的南　　焦虑的阿瓦

唠唠叨叨的南：你总是提醒孩子做事，给他们找事做，就是为了让孩子别闲着。你的孩子总是很烦你，想让你别来打扰他们。你说："如果我不提醒他们，问题就解决不了。"

焦虑的阿瓦：你总是担心有什么事情没做，担心什么事情会出错。你总是烦恼自己或者伴侣没有竭尽全力做个好父母，并且觉得这简直和天塌下来一样可怕。你希望通过提前做计划来应付焦虑情绪，试图让所有人都遵守你定的计划表。你说："我担心可能有什么事要发生。"

心软的帕特：你善良，关心他人。你不会定规矩，就算有规矩，你也推行不下去。你不喜欢家人和你讲话的方式，但是你不知道怎么改变。你只是想让家里人相处和睦，有安全感，但总有人不开心。你说："我只是想让大家都高兴点儿。"

心软的帕特　　唱反调的戴尔　　有趣的戴夫　　冷漠的丹

唱反调的戴尔：你总是抱着观望态度。你相信如果你的孩子更专心，就能表现得更好。你想等着孩子自己好起来。你不想让孩子做心理测试，因为你担心会留下"污点"。你不喜欢医生给孩子下诊断，因为你不想让孩子把医生的诊断当作表现不佳的借口。你说："孩子必须学会遵守命令。"

有趣的戴夫：你爱和孩子玩儿，是个有意思的家长。当你的伴侣（或者前任伴侣）试图和你讨论孩子的问题时，你没什么好说的——你觉得事情没那么糟糕。你很高兴你不需要去承担为人父母的"重担"，你也不觉得自己有责任分担伴侣的重任。你说："我不知道你在担心什么。"

冷漠的丹：你想要积极一点儿，但是你总是失望。无论如何，你不觉得自己在孩子的问题上有什么好说的。你不想在抚养孩子这件事上投入那么多，有时候你想要放弃，你说："为什

要求高的兰迪 　　　　抗拒的德鲁 　　　　重蹈覆辙的比尔

么孩子就不能做我们想让他们做的事？"

要求高的兰迪：你对孩子要求很高，标准定得高，这样孩子就不会轻易走向极端。你接受孩子可能有点儿"问题"的事实，但是你不希望孩子把自己的"问题"当作借口。你认为你的伴侣太溺爱孩子，你觉得孩子需要克服困难才能成功。你说："你需要满足我的期望。"

抗拒的德鲁：你想要做好家长，想让别人也认同你是好家长。你把孩子的尊重和顺从视为自己面子的体现，所以你总计较这个。如果你觉得孩子不尊重你，就会大发脾气，指责孩子；如果你觉得羞恼，就会避开冲突和尴尬的处境。你说："你不能这么对我说话。"或者"这不是我的错。"

重蹈覆辙的比尔：你还是个孩子的时候过得不太好，但是你现在过得还行。学校的严格管理在你身上起作用了，所以你觉得这个方法也适用于你的孩子。他们需要忍耐，达到要求。是的，这很难，但是他们必须忍下来，学会和失落情绪共处。你说："孩子必须知道生活就是不公平的。"

重塑思维：不纠结过去

多年以前，我曾暴瘦过。我那时没节食，也没读过减肥的书。事实上，生了3个孩子之后，我决定开始接受我中年发福的身体——超重25磅（约11.3千克），我决定不再烦恼我的体重问题。

我只关心怎么才能变得更健康，这是个很细微的思想变化。我们倾注心血的东西终究会有所成长（或者消退，在这个例子里），我瘦了30磅（约13.6千克），我只不过是选择健康的生活方式，每一天都打起精神来罢了。

长久的改变始于思维的转变，当我们面向未来，专注于未来，不再纠结于过去，活在当下时，改变就会发生。这适用于所有类型的家长。

如果你是一个精神状态良好的家长，你可能没法理解为什么别人不能像你一样清晰明了、有条不紊、效率极高地处理问题。你做研究、咨询专家、建立一套系统来管理生活，或许你还能更有条理。

如果你本身就是一个"问题家长"，很可能多年来你就一直痛苦不堪，想做好每一件事但却做不到。要你下决心去看医生真的挺让你恐惧的，心理疾病被污名环绕，人们对其误解丛生（见第五章）。做父母对你来说就像在玩多米诺骨牌，只等着一切坍塌的瞬间。

总之，如果你只关注哪里会出问题，你就很难看到事情好的那一面。如果不改变深层的思维方式，生活就不可能有什么真正的改变。我们现在又得回到那个关键点：活在当下（不纠结过去）。

你不能改变过去发生在你身上的任何事：学校里的麻烦、关系的难题、争执，还有那些尴尬的瞬间、后悔的选择。你改变不了过去，一分一毫都不行。

当下的美妙之处在于你可以改变从现在开始的未来。迄今为止，你已经倾尽了所有。也许你试过从家人那里寻求支持，也许你曾经听过朋友、家人、专家的建议，即使这些建议可能没什么效果。

从现在开始，你有机会重新开始。你有这本书里的所有工具和策略作为你的武器，你可以重塑思维，从头再来。

生活就是不断做选择。本质上，一切都是抉择，即使你感觉自己没有选择，你也是在选择。每一次行动、每一次不行动、每一次谈话、每一次避而不谈，这都是你的选择。

做出改变并不只是搞清楚下一步做什么，你还得注意你每天做出的所有选择。你会做出什么选择其实都是你的思维和内心想法决定的。

当下的美妙之处在于你可以改变从现在开始的未来。

你每时每刻都在做出选择,活在当下的思维方式能够让你做出真正、长久的改变。有意识地注意自己做出的决定,转变思维看到新的可能,相信自己能够改变环境,这些都能给你的生活带来变化。

活在当下,改变也许看起来很难,但现在一切都取决于你自己。

方法：注意情绪开关（四步走摆脱焦虑循环）

如果你身边的人犯了一个小错（但是影响很大），你是不是很难保持冷静？如果你的孩子发脾气,你是不是也很难保持情绪平稳？

有时候我们都会控制不住。如果被逼得太紧,我们会屈从于本能,崩溃、爆发,这情有可原。有时候发脾气能让别人注意到我们,但是长期来看却得不偿失。

过度反应只能教会孩子当事情违背自己的意愿时他们也可以抓狂。你在失落时刻的情绪反应会成为孩子学习的样本,教会他们如何应对低谷时刻。对孩子大吼大叫也许能让孩子去做家务,但是并不能教会孩子承担自己的责任,管理起伏的情绪。而且你越是大吼大叫,他们就越难以专心写作业。

你快要崩溃的时候,得拿出勇士的毅力才能给孩子做好自控的榜样，被激怒的时候，做个"成年人"吧。学会保持冷静，专心平复情绪，才能让家里的其他人也改变态度。

你可以这么做：

四步走摆脱焦虑循环

1. 如果有人要爆发，你要能识别他们的情绪。美国职业压力协会（American Institute of Stress）的研究表明，超过 70% 的人表示他们经常经受焦虑引发的各种症候，所以你应该大体知道焦虑发作是什么感觉。如果人处于焦虑状态，原始大脑会接管额叶，就像剑齿虎出现在远古人类的洞穴里时那样，大脑会遭遇"杏仁核劫持"[1]，这个词是丹尼尔·戈尔曼（Daniel Goleman）1995 年在他的书《情商》（Emotional Intelligence）中创造出来的，用来形容"战斗、逃跑或者原地不动"的状态。"杏仁核劫持"也许能让你在快撞车的时候下意识踩刹车，但是如果你被老师发给你的邮件激怒，这个状态可于事无补。事态紧急的时候，注意谁可能会爆发（开始吵架或者狡辩）。

2. 大脑遭遇"杏仁核劫持"时，请尽快恢复过来。立刻把精力放在平息事态上，避免激怒他人。就像听到假警报就赶紧关掉喇叭一样，你得让大脑从"杏仁核劫持"状态中恢复过来。深呼吸、散个步、喝口水、跑一跑、看个有意思的视频、摸摸

---

[1] 察觉威胁后瞬间做出的过于情绪化的强烈反应。——译者注

额叶
执行功能

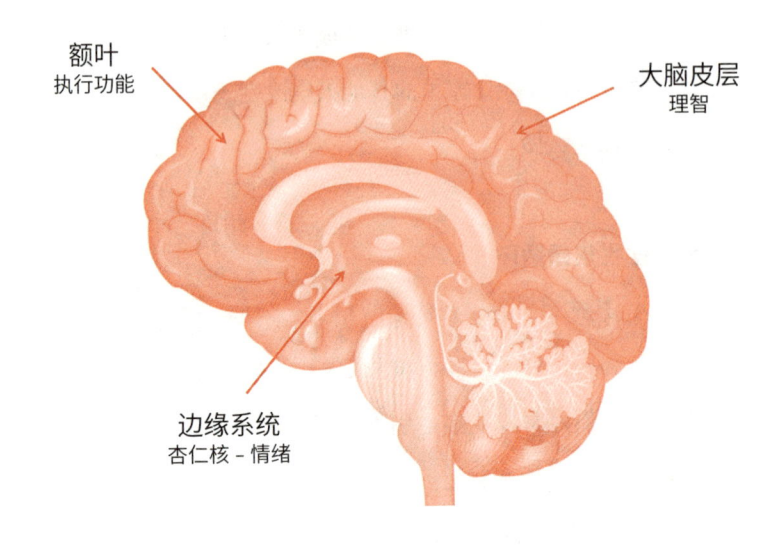

大脑皮层
理智

边缘系统
杏仁核 - 情绪

狗狗等都行。（是的，喝点水！这会向你的原始大脑发出信号，你在水边，很安全。）平静下来需要时间，所以你得警惕"虚假平静"（比如轻轻呼吸三次就说"好了，我平静了"）。慢慢来，用幽默和耐心帮助你真正放平心态。

3. 想一个新解释，帮你平静下来。 我们给自己的说法可能有害，也可能有益；可能让我们走向失败，也可能走向成功；可能会吓坏我们，也可能会让我们平静下来。你得找个说法，能够说服自己平静下来，比如，如果你心里想"这个 7 岁的小孩儿是个熊孩子"，那你就会用恶劣的态度对待他，就像他是故意这么捣蛋的一样。如果你告诉自己"他现在很难为情"或者"这个被吓坏的小男孩儿需要鼓励"，你会对他抱以同情。

我有一个客户，她11岁的女儿非常焦虑，拼命祈求父母让她和男孩子们一起打曲棍球，但是之后又拒绝参加训练。她妈妈觉得自己被耍了。之后她妈妈问自己："会不会有别的解释？"她妈妈意识到："孩子的恐惧是真的，她也不想胡搅蛮缠，她想玩曲棍球，她只是害怕而已。"妈妈的新想法让她更能理解孩子，更愿意和女儿交流，结果也变得更好了。

4. 根据你的新想法采取行动。 当妈妈为女儿的行为找到合理的原因，母女两人就一起合作，商量如何参加曲棍球训练，渐渐地，妈妈帮助女儿找到了逐步参与练习的办法，这是一个巨大的进步。

摆脱焦虑循环需要花时间去学习，所以在此过程中慢慢来就好。我记得有一天下午，我们家因为从洗碗机里拿碗的事大吵一架。我想让孩子冷静下来，但是我丈夫却觉得我只是想让孩子赶紧脱身。他和我因为教育方法争吵不休："这是孩子的事，孩子得马上去把碗拿出来。"我进退维谷。我知道让双方保持平静比收拾碗筷重要得多，但是我却很难用他可以理解的方式解释现在的情况。最后我温柔而冷静地说："请相信我，孩子现在需要先冷静。"我没有提我的想法，而是一直等所有人都冷静下来再说。

不要拒绝接受现实

我知道我的长子是个"问题孩子"，他2周大就开始有状况（胆汁酸异常），2岁的时候又有状况（过敏），4岁的时候学习障碍，6岁的时候情绪爆发。我们只能一个一个地解决他的问题。不过说实话，孩子8岁的时候（已经确诊了8个症候），我就认命了，他需要"特别看护"。不过一直到孩子10岁的时候，我才明白孩子的各种疾病会造成什么样的影响。

我觉得我每一个问题都解决好了。在某些方面，我的确解决了问题。我带孩子接受很多诊疗，见了很多医生和专家。但是多年来我一直关注孩子的病理细节，却一叶障目，不见泰山。我一直拒绝接受现实，被一个又一个问题击倒，却仍然坚信我有办法对付它们。

你有没有觉得自己被困在泥泞的河水里？一方面，你知道有什么东西不太对劲，需要你的注意；另一方面，你又想要假装问题不存在。说实话我们很多人一开始都是这样的。理想情况下，如果我们意识到孩子需要我们，我们会猛然惊醒。

对于我来说，我一直想确保一切尽在掌握——一心自以为是地给孩子规划未来（也给自己规划未来）。也许我太执着了，因为我害怕会完全失控。但是我所做的事情很明显都是无用功。我用了10年时间才明白，如果我还想抚养出一个健康、独立的孩子，我必须改变自己的思维方式和抚养孩子的方法。

给孩子安全感，让孩子走向成功之路，你需要先承认孩子有"问题"（还有你自己有"问题"），然后去解决问题。

拒绝接受现实者的几种特征

你是否为了保护自己的孩子而有过这样的想法:

- 我不想让孩子被贴标签,那是污点。
- 也许这只是一个必经阶段,我应该等等,抱着希望,等孩子走出这个阶段,生活就会"正常起来"。
- 我不会告诉孩子他们的问题,这样他们就不会把自己的病当作借口。
- 我不想让孩子觉得自己有什么问题。

你是否为了保护自己而有过这样的想法:

- 我已经筋疲力尽了,我不想再应付新问题了。
- 我的孩子没问题,我是个好家长。
- 我能在问题成为真正的麻烦之前解决掉它。
- 专家建议做的我都做了,所以一定没事的。

给孩子安全感,让孩子走向成功之路,你需要先承认孩子有"问题"(还有你自己有"问题"),然后去解决问题。

孩子身上有诸多问题,帮孩子回归正轨、让孩子正确看待自己已经够难了,我们根本没法说服自己不需要做任何事就能解决问题。

给你和孩子最好的礼物,就是承认孩子遇到的问题不过是一点儿小波折,调整一下就能解决,这些问题不是障碍,只是需要你小心为之。

就算事与愿违,你也不必放弃你的目标和梦想。事实上,你得坚持梦想!梦想能够让你和你的孩子都过得更好。

不过你也不能一直拒不接受现实。陷在淤泥中很可怕,只要你能接受、承认你需要花点精力去解决问题,你最终肯定能从淤泥中爬出来,回到安全区域——然后你可以向他人求助,扫清对孩子成长有威胁的障碍,最终取得成功。

达成和解

那是一个星期一的早晨,我正想让孩子们动起来,忽然听见丈夫大喊:"大家快穿上鞋子出来——立刻马上!"

丈夫的举动引起了我的注意,他很冷静,但我能感觉到有什么紧急的事情发生了。等一下,他怎么这个点儿还在家里?我问他,他回答说:"我正处于危急时刻,需要你帮我,拜托!"他嗓音干哑。哇!他还能保持冷静,这表现让我暗暗加分,不过我当时绝对已经紧张起来了。

我跑出去观察情况,那场景就像斯蒂芬·金的《克里斯汀》(Christine)中的情节一样。小树林里有两道车灯直射我的双眼,仿佛在嘲笑我。我丈夫的车卡在半山腰,距离一棵大橡树和邻居的篱笆仅有几英尺的距离。

我回到屋里，把孩子们招呼起来，胡乱套上白毛衣，接下来事情可能会很麻烦。我让每个孩子都穿上盖住脚趾的鞋子和长裤——我必须对我的"问题孩子们"要求得足够详细。我觉得树林里的蛇可能都被刺激得要发狂咬人了。

我们一起把车子推出了树林。情势一触即发，但是很快车子的事就解决了。5分钟之内，这场骚乱就结束了，每个人都各归其位。我的衣服还是干净的，我丈夫赶去开会了。我们完美地解决了危机。

在"问题孩子"的世界里，每一天都像那个星期一早晨一样刺激：

· 生活中充满愉快和激情。肾上腺素的分泌让我们有无穷无尽的精力应对生活中的麻烦。好的时候，我们能够幽默地搞定一切。

· 生活中总有意外发生，我们需要与问题和解。我们经常犯错，如果一个性子急的人和一个马大哈结合，这是自然而然的结果。我知道每个人都会犯错，但是我们犯的错更大、更麻烦、更频繁。

立刻行动，不因失败而痛苦，在这两者之间找到平衡点，才能和"问题孩子"好好相处。

即便我们千方百计想避免，"危急时刻"还是会到来。我们

四步走摆脱焦虑循环

我的女儿患有多动症、焦虑、读写困难,她高中的时候被作文折磨得够呛,我运用了四步走方法。我尽量只陈述事实,我对她说:

第一步:"宝贝,你知道你现在因为这个作业在发脾气吗?"女儿一边点头,一边抽噎着说她为什么这么惨。我听着她说话。

第二步:"你之前用过什么办法让自己平静下来?"她还在哭。"要不要试试慢慢地深呼吸几下?我去给你倒点水,你要不要试试?"我们花了一点儿时间让她平静下来。

第三步:"你现在怎么看这个作业?"她抱怨了一大堆她做不来的原因。她发泄完之后我总结说:"你认为你完不成这个作业。"她点头。"也许事情不是你想的那样。能不能从别的角度看这个作业,让你不那么焦虑?"我们研究了很多办法,最后决定,她不需要今晚就写完整篇文章,只写出中心论点就行。这是对的,她也觉得可以做到,对她来说写中心论点容易多了。

第四步:"现在你明白了你只需要写出中心论点就可以了,那么你现在要做的第一件事是什么呢?"

可能会错过约会,没赶上校车,反应过度,大发脾气。我们只是普通人。如果我们遭遇上述"危急时刻",与问题和解(谅解

就算事与愿违，你也不必放弃你的目标和梦想。

自己，也谅解他人）和处理问题一样重要，与问题和解甚至更重要些。

星期一早上的故事就是个经典案例：我丈夫赶着开会，要迟到了，他在车库里发动车子，开始倒车出库，忽然想起有东西落在家里。他跑回家，回来的时候发现车子已经开到了路上，正在下坡。他根本没听见那辆丰田普锐斯的声音，车子引擎发动之后就开始移动了。那只是一次无心之失。

感谢上天，奇迹一般，没有人受伤，没有什么东西真的损坏了，就是车子上有点儿小刮痕。他还有点儿小骄傲。

当然他没感觉特别骄傲。不过我的丈夫没有因此而自责不已，他的处理方式漂亮极了。反应迅速，寻求帮助，保持冷静，保持幽默，然后危机过去，就让这件事彻底过去。我确定他那天会议迟到的时候有点儿难为情，但是至少他有一个好故事可以讲。我丈夫做得很好，给他的同事和家人做了榜样，"与自己达成和解"。

如果犯了错——我们总会犯错——学着轻轻放下吧。去达成和解，记得还要保持幽默。谁也不能确定有一天你的车会不会自己开出车库。

自我对话：放过自己

有一年夏天，我们全家一起吃晚餐，那时已经很晚了，餐桌上特别混乱：

- 我的二女儿一次只想吃一种食物。
- 我的小儿子唠叨个不停，用手指吃鸡块。
- 我的长子开着玩笑，想逗大家开心，却惹得其他人不高兴。他还一边狼吞虎咽一边说话，速度快到让我怀疑他是不是不用喘气儿。

我们愉快地交谈，有时候也拌嘴，都想第一个发言。我们很快乐，欢笑连连，动静大到不可思议。

我回忆自己的童年，那时候我们坐在高高的餐椅上，在餐厅吃考究的晚餐，席上不用人提醒就会说："好的，女士。""好的，先生。"我们的手指也不会碰到餐盘。餐桌上也会有有意思的事情发生，机智的幽默会得到赞扬，但是并非那种生机勃勃的有趣。能正儿八经地吃一顿家庭晚餐一度定义了我对成功家庭的想象。

很多年来我一直自责为什么自己家的晚餐总是不够"正式"，为什么家里总是乱糟糟的。那个晚上，我环顾四周，大声地笑着。我的小儿子爬到姐姐背上，然后又回到自己的座位，还需要别人再帮他上去。

我问孩子们:"你们能想象在姥姥姥爷家捣蛋吗?"大家都笑了。

那个瞬间,我忽然开始喜欢,甚至爱上家里热闹的时光。我们很吵,无法无天,有点滑稽可笑,动静超级大,但这样的回忆让家人之间结成了羁绊终生的纽带,我意识到这样的欢乐要比举止得体重要得多。

是时候放过自己了。我希望我的孩子长大以后也记得和家人在吃晚餐时关系亲昵、一起玩耍、爱彼此、了解彼此、接受彼此的样子。我希望自己能够爱上这样的家庭时光,对于我来说,这就是成功了。

有时候我们会犯错,会没办法保持冷静,像预想的那样处理好事情,会错过飞机,会在旅行的时候忘记打包重要的东西。有时候我们的孩子也不像我们想的那样乖——会闹到上墙,会大吵大闹——我们总是计较这些事,然后自责不已。

不过我们可以改变这种自我批判的思维方式,给自己一点儿同情理解,学着放过自己。很可能你已经竭尽所能了,虽然你无法改变过去,但是转变思维一定能够改变未来。

那么我们是不是要从现在开始把每一件事都做到完美呢?当然不是。不过你知道如果放下自责,你就能做得更好吗?不要再因为过去(比如1分钟前)有哪一点做得不够完美而自责不已了!

家里越来越乱,我沮丧不已,希望孩子能克制一下自己。

你已经竭尽所能了，虽然你无法改变过去，但是转变思维一定能够改变未来。

但是那顿家庭晚餐改变了我。

如果我的孩子就是想把晚餐时间过成运动时间，我决定接受。虽然我还是觉得说"好的，女士"（南方表达尊敬的方式）很不错，我已经摆脱这些条条框框了，这些教条让我多年来一直自怨自艾。

我们要允许自己有不完美的时候，然后用优雅、自爱的态度去处理这些不完美的情况。我家孩子吵吵闹闹，满脑子新点子，活泼有趣，我希望他们感觉自己被接纳，而不是被责备。孩子走出家庭步入社会之后，会需要那种感觉。

所以放过自己吧！自责不会让事情变得更好，只会让你没法享受亲密关系。如果你觉得生活开始失控，你精心安排的计划没有实现，或者你觉得自己本来可以做得更好的时候，放过自己吧！与所有意外和解吧，事实证明，与自己达成和解会让你接受那些不能改变的现实。

自我提问

- 你的抚养方式是哪种？
- 你有什么新想法吗？

- 你被激怒的迹象是什么？你如何平复情绪？
- 你还在用各种方法拒不接受现实吗？
- 你觉得达成和解有什么重要之处？
- 你是如何不断自我责备的？

克莱尔的故事

克莱尔能够解决遇到的任何难题,她是那种能够扛起别人责任的人,总能找到通往成功的道路。当她的孩子遭遇困境时——一开始是学前班的时候出问题,后来是小学阶段——她雇用了一个职业治疗师,开始上社交技能课,然后为三年级的孩子们建立了一个母子互助小组。不论发现什么新问题,她都能找到解决办法,她的孩子在医生办公室的时间比在操场上的时间还要长,克莱尔决心竭尽所能帮孩子解决问题。孩子上中学之后,母子关系陷入僵局,孩子刚上高中,就开始有意地避开她,抗拒她的接近。她越是逼迫孩子,事情越糟糕。克莱尔觉得很挫败,她尝试了各种办法!她同意上家长培训课,她的境况很快就好转了。

重点:克莱尔决心竭尽所能帮助孩子解决问题。但是用她自己的话来说:"我以为我是在帮孩子,没想到其实是在帮我自己。"

第三章
CHAPTER 3

"我用尽各种办法，都没效果"
"I've Tried Everything, But Nothing Works"

理解并重新定义何为成功父母
Understanding and Redefining Parent Success

> 如果我们不花时间关心自己，甚至不愿意关心自己，那么我们怎么可能真诚地关心我们爱的人呢？
>
> ——一行禅师

关系难处

我们总是没法和挚爱之人——我们的伴侣、孩子、父母——好好沟通，可能正是因为他们太重要了。我们总是吼叫，即使我们本来不想吼；我们回避重要的谈话，可没人在我们身边的时候我们又会哭出声来。我们最大的愿望就是希望家人拧成一股绳，但却做不到。我们总觉得期望没法满足，日常生活难以应付，孩子的未来没有着落——也怪不得亲密关系处得一团糟！

处理好人际关系对于"问题孩子"和"问题大人"来说十分困难。处好关系需要时间、耐心、专心、善意、承诺、自我约束、自我觉察、耐性，还有其他技能，这些技能都依赖于大脑的执行功能（见第七章）。我们面临的问题是大脑运作失灵以及情绪管理失控，这影响了我们处理人际关系的能力。

家长们向我和黛安娜求助，通常都是因为家人之间的关系岌岌可危。他们想在关系破裂之前修复它们，念叨着：

- "家里气氛紧张。"
- "婚姻岌岌可危。"
- "我只是希望她和我谈谈。"
- "他失控了，吓坏我了。"
- "我很焦虑。"
- "我很迷茫。"
- "我很孤独。"
- "她不愿意交流，缩在自己的世界里。"
- "他不想和家人一起吃饭了。"
- "我只想过上幸福的家庭生活而已。"
- "我只想改善一下亲子关系！"

不管孩子是否有心理问题，总会有各种家庭关系问题。儿童、青少年需要花很长时间才能得到一个诊断结论，给自己的各种问题找到一个医学上的解释。家长花费数月甚至数年时间寻求建议、寻找答案，尝试各种修复、治疗手段，或者一些古老的管教方法"纠正"孩子身上令人厌恶的行为。他们筋疲力尽，耐心耗竭。

如果儿童、青少年从来没做过心理评估，也没有找医生诊断过的话，家庭关系会非常紧张。少年跌跌撞撞地进入成年期，一边想要独立，一边又不能有效地自我管理。有些家长害怕孩子被"贴上标签"，有些家长则根本不知道去哪里寻求指导。不论深层原因是什么，如果你不知道问题在哪里，你就很难解决问题。

也许我们觉得无法理解自己，也无法理解我们爱的人。也许作为家长，抚养一个总是出意外、行为令人不适的孩子让我们力不从心。也许我们的孩子觉得无法自控，害怕自己永远只能让父母失望。摩擦、冲突弥漫在我们亲子关系的方方面面。我们很难成为孩子需要的那种父母。以下是几种常见的情况：

· 我们把孩子攥得太紧，太想让孩子成功了，我们剥夺了孩子在错误中培养韧性的机会，孩子只会对错误感到羞耻。

· 我们对孩子放手太快了，我们觉得应该让孩子学会照顾自己，我们错失了鼓励、指导孩子走过成长之路的机会。

· 我们太在乎事，而忽略了人，给亲子关系划下难以逾越的鸿沟。

在"问题家庭"里,亲子关系也许曾遭破坏,但仍有办法修复。我们可以和孩子重新建立亲密关系,改变我们的抚养方法,成为"古怪孩子"需要的那种"完美"父母。我们可以直率清楚地和孩子沟通,带着尊重和真切的渴望赢得孩子的尊重。孩子最需要的——一切关系的核心——就是尊重和爱,我们可以从家庭关系开始。

重塑思维:从改变自己开始

2019年世界多动症大会上,我和琳达·罗格里(Linda Roggli,ADDiva隐修学校创始人)有幸一起采访了知名学者斯蒂芬·欣肖博士(Stephen Hinshaw)。我十分信服他的观点,尤其是他从心理学研究成果中提取出的一个重要概念:适配原则。欣肖博士20世纪50年代和60年代对儿童性格形成的研究让他坚信,家长和孩子必须要"适配"。"适配原则"对儿童情感发育来说至关重要。

"关键在于家长和孩子的契合度,家长要能欣赏孩子的性格……这不是家长或者孩子各自的问题,而是要协调,要适配。"欣肖博士继续说道,"抚养一个与众不同的孩子,需要家长能够欣赏孩子身上的不同、古怪、冲动、过度活跃,以及创造性。"抚养"问题孩子",和孩子建立亲密关系比什么都重要。

如果孩子没能度过典型的发育节点(见第九章),通常我们就想让孩子做出改变,适应我们的抚养方式。然而研究表明

> **不管亲子之间还有谁涉入其中,你和孩子之间的关系都是独一无二、非常特别的。**

孩子需要家长去适应他们——适应孩子的行事风格、行为癖好,还有兴趣爱好。如果孩子觉得和家长不同步,就会觉得自己在家里"格格不入"。

你是否曾经缘木求鱼,本来是想给孩子帮助却将他们越推越远?就好像不管你多努力,似乎都搞不清楚到底该怎么做才能帮到孩子一样?这多半不是因为你做的事南辕北辙,而是你做事的方式让你徒劳无功。我们如何和孩子相处、如何解决孩子的问题,都会影响孩子的想法,决定他们是否愿意接受我们的帮助。

我并不是说你的应对方式导致孩子陷入困境,我的意思是你处理问题的方式会决定孩子之后如何处理问题、克服阻碍、向前行进。要想改变孩子的行为,得从改变自己的教育方式开始。

第二章列举的抚养方法很常见,但都没什么用。不过你很可能也曾经有过高光时刻,有过教育得非常得体的时候。有时候我们能够镇定、自信地处理孩子的问题,而不是简单应付。这本书就是为了帮你认识到(而且培养这种认识)你内心的清晰认知的。

我希望你能够感受自己的内心,做好准备,带着清醒的认识抚养孩子。让我们看看有成算的康妮和卡尔：

有成算的家长： 这样的家长已经意识到生活的无常，但是适应良好。他们竭尽所能，虽不完美，但恰到好处。他们心怀感恩，能够看到生活中光明的一面，不去纠结那些"本可能发生的事"。他们带着一股"放马过来吧！"的闯劲儿，能举重若轻地解决难题。这样的家长会说："这就是我的生活，实在是太美好了！"

反思一下自己是怎么养育孩子、与孩子交流以及处理孩子的问题的，你很可能会发现自己做错了，但是没关系，现在你能想到你做得不错的事吗？能列举一下你的成功之处、你的亮点吗？给自己鼓鼓掌。你的成功经历中就隐藏着最佳处事之道（见第十章），所以专心想想成功经验，继续努力吧。

读到这里，你可能觉得无助、焦虑，因为自己和伴侣步调不一致。我懂你的感觉。和伴侣达成合作的确值得努力，不过我得清楚地告诉你：只要一位家长就能调整方向。不管亲子之间还有谁涉入其中，你和孩子之间的关系都是独一无二、非常特别的。你可以和孩子建立非常紧密的联结，扶持孩子成长，哪怕你的伴侣跟你不在一个步调上。高效抚养孩子的秘诀很简单：从改变自身开始。

接下来，你需要想清楚自己的目标、抚养方式，不要为过

有成算的康妮　　　　　　　有成算的卡尔

去的做法感到自责。专心揣摩你的角色,想想你要做出什么样的改变,找到新的办法,让自己成长为孩子需要的家长,这也是你最终想达成的目标。

抚养"问题孩子"是一场充满意外的冒险,需要经常调整方向,除了你还有谁能掌舵?

方法:关系重于"事"

我走过房间,3个孩子正坐在沙发上看电视,他们坐在那里笑,我却有那么多活儿要做,这让我很烦躁。说实话,当时其实并没什么需要他们做的事情,我也没有理由打扰他们,但是我还是打扰了,我开始环顾四周给他们找事情做。

我命令他们关掉电视,让他们满屋子做家务的时候,他们很恼怒(这很正常)。他们的怒火很明显——狠狠地把遥控器一摔,然后才动起来。

后来想想,我想让他们"忙起来"或者"干点儿什么"其实是我有问题,不是他们有问题。我真的不太记得我当时坚持要他们做什么家务或者作业了,但是我很肯定这些事情其实不是必须要在那个时候做完。我其实没必要打扰他们,打断他们的开心时刻。那时候,我将从洗碗机里拿碗或者做作业之类的琐事凌驾于我们的亲子关系之上了。

让孩子看电视和亲子关系是怎么扯上关系的?我当时将做事——做完昨晚的家务——凌驾于孩子的利益、需求、自尊、自主之上,仅仅为了平息我自己的焦虑。

过度关注于"事"会损害我们与孩子、伴侣的关系。我们总是自以为是,只在意我们觉得正确的事,却忘记了孩子是独立的人,他们有自己的步调,有自己的看法和想做的事。如果我们只关注事情做没做(就算事情很重要),我们会错过更重要的东西——那就是和孩子的联结。

例如:

·我们因为孩子"又一次"把湿毛巾扔在地板上而小题大做的时候,其实语气中传递的信息是"你很懒惰"。

·我们强迫孩子熬夜到很晚写完作业,远远超过孩子的极限,传递的信息是"你得更努力"。

·我们打发孩子拿袜子,当孩子两手空空地回来(或者更糟，手里拿着玩具）的时候，我们会说："为什么你就不能把两只袜子一起拿过来？"

我们当然想让孩子学会把湿毛巾捡起来、完成作业，或者想提高孩子的短期记忆力，但是我们应该在亲子关系紧密的时候再去教孩子这些东西，我们可以跟他们合作完成任务。

2019年世界多动症大会上我们采访了多动症治疗领域和教育领域的意见领袖们，内德·哈洛韦尔（Ned Hallowell）、斯蒂芬·欣肖、罗伯特·奥利瓦迪亚（Roberto Olivardia）、卡罗琳·帕西尔（Carolyn Parcells）和其他专家都反复强调一个关键议题：保持紧密的亲子关系。家长应该专心培养自己和"问题孩子"之间的亲子关系，任何事都没有保持亲密关系重要。

研究表明，亲密关系的基础在于信任，信任会让大脑释放后叶催产素，这是一种"快乐激素"，会让孩子乐于学习。冲突、对抗会让大脑释放皮质醇，这种"应激激素"会影响信任感，也会影响孩子的学习能力。

抚养"问题孩子"——或者说任何孩子——的秘诀就是建立亲密关系。这并不意味着"成为孩子最好的朋友""满足孩子的所有要求"，或者"不让孩子承担责任"。亲密关系意味着尊重、坦诚、健康地与孩子沟通。紧密的关系会让孩子相信我们是他们永远的后盾。如果孩子对我们抱以信任，孩子就会明白，我们在竭尽所能地为他们付出，我们绝不会做对他们没有好处的事情。即使孩子和我们有分歧，他们仍旧可以选择相信我们。

互相信任的亲子关系会让我们的孩子坚信他们可以做自己，可以闯祸，可以去尝试，可以失败，可以成功——因为我们一直在那里，无条件地爱他们，即便他们最后没有成功也是如此！

不要陷入对抗（不要掉进圈套）

几年前，我和丈夫步调很不一致，我们都陷入了对抗状态。我不知道是谁先"开战"的，那时候我们的对话仅仅局限于日常生活。我们竖起盾牌，关系陷入谷底，我意识到我们之间隔阂深重，但是躲在沙袋后面感觉比冒险直面洪水更安全。

这可能听起来很耳熟。很多人常年都处于对抗状态。事实上，我们总是在日常交流中运用军事术语：放下戒心（降低盾牌）、开始敌对（开始战斗）、停战（停火）、坚持己见（一直拿着枪不放）、首先发难（开第一枪）、拱火（加强支援）、缓和（制动），更别提做爱都被叫作妖精打架！这些类比让亲密关系变成零和博弈，没有赢家，我们只能陷入永不停歇的战火。

难道你真的想和你青春期或10岁的孩子、伴侣、父母、老板、下属"开战"吗？

我们得先挪开路障，关系才能顺畅。现在是时候让我们的亲密关系远离战争状态了。递去一根橄榄枝，然后耐心等待。我们习惯了浆洗硬挺的军装，就会忘记轻松的站姿，就算我们

<u>不再斤斤计较，是你最强大的超能力。</u>

想让亲密爱人成为同盟，也需要一些时间让他们走出战壕。

谢天谢地，我的丈夫看出了端倪，开始寻找我们的共识。他笑容更多了，话也更多了。我已经习惯了戒备，所以要花很长时间才能放下我的剑，不再斤斤计较。他一直等待着，没有重新武装自己，而是送我鲜花和巧克力来缓和关系。最终我也放下了盾牌，我们的关系改善了，但是这个过程很漫长。

做自己的培训师：别往自己身上扯

不再斤斤计较，是你最强大的超能力。孩子年幼的时候，我每一件事都要往自己身上扯（是的，每一件事），那真的让我很累。不过一旦我认同了"别人的事是别人的事，不是我的事"，情况很快就好转了。

如果你的家人、学生碰了你的那根弦，很多情况下他们不是故意的（即使你觉得他们是有意的）。如果你"掉进了圈套"，他们就得到自己想要的结果了，你的注意力被转移了，不再盯着那些让他们感到不舒服的地方。你必须抗拒"把事情往自己身上扯"的诱惑。别人可能惹了你，但是要不要爆发还是在你自己。

培训师法则的要义很简单：置身事外。温迪·莫戈尔（Wendy Mogel）在她的书《放下孩子》(*The Blessing of a Skinned*

Knee）中说过，无论怎样，我们都要"保持波平如镜、举重若轻、坚定不移、尊重事实"。

重新定义成功

> 成功就是爱你自己，爱你的事业，爱你做事的方式。
> ——马娅·安杰卢（Maya Angelou）[1]

21世纪头几年，大卫·罗克博士（David Rock）在《今日心理学》（*Psychology Today*）中写道："所有人都好像得了传染病，筋疲力尽，不堪重负。"罗克博士找到了两个原因：信息过载、注意力分散。这本书出版后不久，孩子们口袋里就揣上了手机。

我们的大脑每天要处理7万个思绪，我们被海量新信息淹没，社交媒体和其他科技让我们的注意力不断被打断。想想吧，这种环境对那些本身就是"问题大脑"、执行功能异常的人来说会有多大负面影响！我们还在把旧有原则当成黄金铁律，而现实世界却在飞速向前。

我们的大脑运转得像光速一样快，想对每一条外在的信息

---

[1] 马娅·安杰卢（Maya Angelou，1928—2014），美国诗人、作家、民权活动家。——译者注

怎么才能"不往自己身上扯"

如果你发现自己又开始斤斤计较,可以用以下几个问题和建议来引导自己。比如,如果你让儿子叠衣服,他却说"我等会儿再做"的时候,你可以想一下:

你内心的想法是什么? "他没责任心。""他才不会做呢!""呵呵,会做才怪!"如果你觉得儿子不立马去做,你就不算好家长的话,你肯定想唠叨他,让他干活儿。你到底在焦虑什么?

这种情况有没有别的解释? 也许他想做但是忘记了,也许他没做是因为你说的时候他没注意,再或者他不擅长叠衣服所以觉得难为情。你要有点儿好奇心才行。

你要给孩子支持,不要和孩子对抗。不要对孩子冷嘲热讽,你要承认孩子的善意:"好吧,谢谢你,你准备什么时候叠?"如果他推脱("不知道,妈妈,反正等会儿做!"),那么你可以帮他定一个合理的时间表("我希望你能够在几点前做好,可以吗?")。尽可能地让孩子有自主空间。

告诉孩子,你和他是一伙儿的,你想帮他。不要觉得自己被孩子怠慢或者孩子不尊重你。你可以问孩子:"需要我帮你做什么吗?需要我提醒你吗?"也许他一开始会很抗拒,所以你得陈述事实,积极沟通。如果他还是抗拒,给他一点儿时间,然后再问一次,这一次可以先承认他可能会有点沮丧,但还是要提醒他你只是想要帮助他而不是为了唠叨他。

都做出回应，但是这种极快的处理速度并不持久。不是我不想持久，说实话，21世纪的生活就算有各种时间管理技术，也像是在同一个场地上一边玩躲避球，一边打网球。

今天我们对杂技表演的期待不断拔高，这很合理。但是如果希望自己能够成为方方面面的专家，那就太不现实了。然而我们就是抱着这样的期待。现在这个时代对"问题孩子"也不友好，他们通常只是"专才"，却不得不生活在一个要求"通才"的世界里。

我的经历和你的没什么不同。我们都会有这种经历：抱有不切实际的期待，感觉我们肯定要失败了，结果却很震惊地发现居然成功了。

在这一阶段重新定义成功意味着什么？

- 别斤斤计较。
- 明白什么是最重要的。
- 有的时候"差不多"就行了（见第八章）。
- 别总强调义务。
- 事情不重要的话，放松一点儿。
- 抓重点，不要试图面面俱到。

最后，重新定义成功意味着自己设定目标，不依据外界标准。设定目标得从我们自己的价值观、热爱的事情出发，不要让约定俗成的社会准则告诉我们"该做什么"。

我和一些家长聊到成功这个话题，大家都同意我们应该减轻自己和孩子身上的负担，这样我们都能受益。所以，现在我们得重新思考我们身上的完美主义倾向，重新定义何为优秀，重新定义在当代世界成功意味着什么。比如，给做作业的时间设个界限，可以让一个12岁的孩子不用点灯熬油奋战到半夜；表扬孩子用功努力能够减少考试失利带来的不快。

成功与旁观者无关。我希望你能重新定义成功，成功的标准在于对孩子是不是有好处。摆脱你（和他人）内心的成见，构建新的愿景，从你对孩子的了解出发，不要在意别人说的"应该做什么"。

我是一个正在改进中的完美主义者，对于我来说重新定义成功很困难（见第八章）。每一天我都要根据家人和我的实际情况重新定义成功。

- 我的丈夫对自己过于苛刻，我会提醒他，90分也很优秀。
- 我的女儿有读写障碍，所以作文得了良我也会鼓励她，让她开心。
- 我大声地承认错误，努力原谅自己……每一天。

这些就是我定义的成功。

自我对话：相信你的直觉

我刚为人父母就觉得这条路崎岖难行，从怀孕开始，10 年来都不顺利。我不是个自信的妈妈，什么都担心。我担心孩子没吃饱，没长好。我觉得自己什么也干不好。也许我曾自信过，但是我长子 6 个月大的时候，我那点儿自信就消失了。

10 年来我一直麻烦不断，我在心中反复问自己："要是他们发现你其实不知道自己到底在做什么怎么办？如果你没养好这几个孩子怎么办？如果孩子过得这么惨，你才是罪魁祸首怎么办？"

我最应该相信的人，恰恰是我最不相信的人，那个人就是我自己。

我偶尔能过上几天好日子，或者几周内没什么事，但是总会有个孩子出状况，让我的生活脱轨，又陷入自我怀疑。我对成功的定义就是达到完美，我的自我价值也建立在这个定义上：如果我的孩子能够顺利度过成长节点，我就是好妈妈；如果不能，我就是坏妈妈。

我极其自厌，自厌的程度之深就像我家孩子度过的最糟糕的日子一样难以忍受。

十几年来，生活变好了，因为我发现相信自己、信任自己才是做好家长的秘诀。事实上，我必须努力学着信任自己，相信自己能够为人父母，但这并不容易。

培训师法则的关键在于学会相信自己的直觉，这是一种对你和孩子都有益处的抚养方式。也许你一开始感觉不出来,但是你可以"先假装能做到,直到你真的能做到"。因为只要你能做到信任自己,你就能够自信地处理家庭问题。

相信自己的直觉究竟意味着什么?

- 基于自己的价值观、直觉做决定,采取行动。
- 按照自己的期望生活,而不是听别人的。
- 明白不管发生什么,你都有足够的聪明才智找到解决办法。
- 不要总觉得自己必须知道会发生什么,要相信自己在必要时能够直截了当地做决定。

如何才能真正做到相信自己的直觉?

- 目标要清晰、连贯,目标之间要相通;要灵活应对变化,有变化就随之而动。要知道变局不可避免。
- 为你犯下的错误道歉,负起责任。不过当你凭借内心想法做事的时候不需要事事握在手心。
- 不要总觉得自己必须正确,孩子必须表现完美。告诉孩子可以从错误中学习,不需要为此自责或者感到羞耻。

当家长相信事情会变好的时候孩子才能做到最好。孩子看到家长自信地应对问题（而不是出于恐惧而拼命掌控），会让孩子和家长之间达成合作关系，孩子会信任家长，如此一来孩子也会对自己有信心。

如果你在抚养"问题孩子"的时候，（偶尔）能够自信起来，学着相信自己的直觉，那么你可以花点时间庆祝一下，给自己喝彩。如果你总是接收负面信息，对自己抱有信心并不容易。

如果你觉得不够自信，如果你担心孩子会低自尊，如果你总是出尔反尔，或者你对自己做出的选择从来都不满意，我希望你能让别人帮帮忙，改善一下这个情况。第一步，可以参加一个进修班、加入一个培训小组、上网听家长培训课、每天早上起来喊口号、读 ImpactParents.com 网站上的文章、坚持读完这本书——做点什么，一步一步，树立自信。

我的经验之谈：自信是可以锻炼的，像肌肉一样，你越是锻炼，家人越受益。

自我提问

- 你想要改善和谁的关系？
- "从改变自己开始"对你来说意味着什么？
- "事"是如何影响关系的？
- 在什么情况下，你会把事情往自己身上扯？

- 你想如何重新定义成功？
- 在什么情况下，你会相信自己的直觉？

马克和格温的故事

马克和格温功成名就，身居高位，野心勃勃，是专家型人物，他们希望自己的孩子能子承父业。两人的长女是个优等生，运动天赋也高，就是有点儿神经过敏。两人的幼子却是个典型的多动症男孩，今年 11 岁。这孩子容易分心，冲动易怒，邋里邋遢，对成绩无动于衷，也不喜欢体育，爸爸极力逼迫他参与竞技也没什么用。弟弟总是惹姐姐生气，并且对此兴致勃勃，父母都不觉得姐姐的怒火算反应过度。马克和格温总爱打断对方的教育方式，想纠正对方的错误，不过两人一致同意：儿子是全家唯一要解决的"问题"。

重点：两人的幼子是个多动症男孩，今年 11 岁。夫妻俩的口头禅是"要是他能……就好了"。

第四章
CHAPTER 4

"我就是想平静一会儿！"
"I Just Want Some Peace!"

抚养四阶段
The Four Phases of Parenting

> 不带偏见，我们就能理解他人，同情心也会自然生发。
>
> ——一行禅师

教育专家没有住在你家

2005 年的一个雨夜，我去听了一个讲座，主讲人是我最喜欢的教育专家温迪·莫戈尔，她写了一本书叫《放手，才能强大》。演讲中她说到要培养孩子的韧性，让孩子经历"失败"，我举起手，眼中含着泪水，问："如果孩子有特殊需求，要怎么办呢？"莫戈尔回答说："那我说的这些其实不适用你的孩子。"

我惊呆了，我不记得那天晚上她还说了些什么，我只是不停地流泪。我心里想："要是连她讲的这些也不奏效，我还能怎么办呢？"

我一头扎进了为人父母的世界，我想用深色的胶卷记录下我对着我的幼子哈哈大笑的场景，揶揄他滑稽的小动作；我想用玫瑰色的滤镜记录下我那已经是青少年的长子长女向他们酷酷的妈妈寻求智慧箴言的场景。我的人生应该像柯达广告那样美好。

我是不是有点儿盲目乐观，天真到可笑？我觉得我是个很典型的家长。

遇到麻烦，我措手不及。遇到新问题，我就去看书、咨询专家，还想试试传统的管教方法。但是这些年来，我的好多客户都反映，传统的抚养方法根本不适合"非典型"的孩子，甚至会起反效果。我的一个客户很清楚这点："我儿子曾经是个快乐、开朗的孩子。医生跟我们说得给孩子定规矩，但是我们一定规矩，他就发火。规矩是定下来了，孩子的状态却越来越糟，说实话，我觉得自己是世界上最失败的家长。"

我也有同感，为人父母，我很失败。传统的管教方法根本没有用，我失去了希望。我担忧孩子的未来，我什么都怕。我的孩子能不能、会不会：

- 独立生活？
- 正常上学、上大学、工作？
- 建立亲密关系，组建家庭？

・冲动行事（或者说有危险的举动），从此陷入悲惨的境遇？

・在家里的地下室度过余生？

我曾得到过不少有用的帮助和专业建议。我发现很多专家也和我一样，但是都"撑下来了"，这让我松了一口气。但是其他时候，即使专家们抱着最大的善意，也没法给我什么有效意见——不是因为他们不关心孩子，也不是因为他们不够专业，而是因为"问题孩子"本身就情况复杂。我需要的不仅仅是针对不同症状开出的治疗方案，我需要的是看到更大的图景，逐渐摸索设计实用的解决方案。

我的孩子需要我理解他们不是单纯地在"调皮"（见第六章），他们很痛苦。我想让他们的老师、培训师、临时保姆、医生、朋友的家长以及其他家庭成员都能理解他们的痛苦。

当我渐渐开始理解我的"问题孩子"时，一切都改变了：

・抱着积极心态抚养孩子还不够（虽然这很关键）。

・父母的期望要切合实际。

・方案要有针对性。

・方法要灵活，但效力不能打折扣。

专家会告诉你，在他们看来你应该做什么，但是这些专家并不知道早上6点钟你家里发生了什么。可是你知道。所以，搜集信息，深思熟虑，寻求可能。不过你要记得，只是知道问题所在没法真正改变什么，你需要的是彻底的变革。

传统教育方式的拥护者们的建议都很棒。温迪·莫戈尔、哈尔·朗克尔（Hal Runkel）这样的意见领袖，给了我很多极具智慧的启发。不过，聆听这些教育界专家们的经验智慧时（包括你在本书中看到的观点），你得先确定这些建议是否适用于你的孩子。

莫戈尔的讲座让我明白一个道理，是时候抛弃传统教育方式了，我的孩子不适合这种方法。我得找到新的办法，对孩子、对我自己都有好处的新方法。

重塑思维：像做培训师那样做家长

我很想帮助那些"问题孩子"的家长，所以40多岁的时候我开始在共创式教练培训学院（CTI）上课。培训了几个小时，我就迷上了这个课程；几周之内，我和家人的沟通就顺畅许多。十几年之后，我的长子在2019年接受《炫耀》杂志（*Flaunt*）的采访，他十分感谢我参加的培训，他的话让我热泪盈眶：

> 嗯，我的父母都是培训师。我12岁的时候他们开始上培训课，看到他们一点点进步、成长、学习真的很棒。培训师训练改变了我们家所有人。自从我的父母开始做培训师，

他们一直和别人讲"要追寻梦想，做你想做的事，做对你有好处的事，照顾好你自己"。他们也会对我这样说。很幸运的是，他们意识到了要跟我强调这些。所以，我父母给别人上的课最终也影响了我。

我意识到其他家长也需要知道我学到的东西：专家的建议并不总有效，不过相信自己却总能创造奇迹。

你比任何人都了解你的孩子，你肯定是最了解孩子的。你的问题在于如何学会相信自己的直觉；倾听孩子的想法，倾听你的内心。然后，必要的时候要学会忽略专家的建议，做你孩子需要的那种父母。

在探索有效抚养方法的过程中，我发现了一个可以带来彻底转变的方法——培训师法则——这个方法能够有效改善孩子的不良行为。培训师法则不是直接去解决问题，而是教给大家一个解决问题的简单方法。培训师法则能够在全世界范围内给"问题孩子"教育领域带来变革。

培训师法则

培训从事实出发，变革管理方法，激发最大潜能。对于家长和教育者而言，培训师法则能够提供基本的概念、法则、方法，指导孩子成为独立的大人，能够自我驱动、自我激励。培训师法则中有四个基本概念，完美适用于"问题孩子"教育领域：

1. 人不会被打倒；人有创造力，有聪明才智，有完整人格。
2. 想要改变，就得做生活的主人。
3. 困境常有，可以促使人成长进步。
4. 想解决问题，就得搞清楚问题出自哪里。

除了发挥孩子最大的潜能之外我们别无所求。我们希望孩子知道问题在哪里，同时在感情上孩子也不抗拒；我们希望孩子能相信自己；我们希望孩子能够相信自己有成功的可能。我们得学会用真诚的态度给孩子提供有价值的建议，让孩子能接受，方法就是沟通的时候少一点指责，多一点接纳。孩子会把你看成自己人，主动寻求你的指点和帮助。

你要学会：

· 拒绝恐惧心理，拒绝批评指责。

· 看到孩子的能力和天赋。

· 给孩子有效的帮助和支持。

· 目标切合实际，搞清轻重缓急。

· 改善沟通技巧。

· 用孩子可以接受的方式指导孩子，不陷入对抗情绪。

· 采取一种适用所有人的方法。

· 允许孩子犯错。

孩子要学会：

- 学习自我管理技巧，做自己生活的主人。
- 了解自己的长处和天赋。
- 找到可以激励自己专心学习、专注生活的动力。
- 克服困难、设置目标、达成目标。
- 改善和家里人、同龄人的关系。
- 成为一个可靠、独立、负责的人。

培训师法则会引导你成为你想成为的父母，和孩子建立理想中的亲密关系。你当然不需要因此去当一个培训师。只要你开始运用这些理念和方法，你就会不可思议地发现，培训师思维改变了你的人生。

方法：抚养四阶段

抚养孩子不是一个线性发展的过程，相反，家长会在抚养四阶段中反复徘徊，慢慢地把主导权转让给孩子，这是一个复杂的动态过程。家长控制得太紧会起反效果，让孩子无法独立。给孩子的扶持要恰到好处，不要让孩子陷入习得性无助，对这个扶持的度的把握是一门艺术。

控制孩子不是最有效的抚养方式；家长得教孩子学会自

<u>控制孩子不是最有效的抚养方式；家长得教孩子学会自控。</u>

控。理想情况下，家长要有意识地培养孩子的独立性，让孩子逐步学会承担责任。了解抚养四阶段的内涵可以在这个过程中引导父母。

逐步引导孩子走向独立之路

第一阶段：家长督促孩子、指导孩子。给孩子定目标，指导孩子行动、做事，督促、鼓励孩子。所有家长都要从这一步开始，监督孩子的行动、行为，保证孩子的安全。孩子也愿意家长做主导。但是家长可能会陷在这一步里出不来，因为家长很熟悉这个步调，很容易做好，而且家长也担心没有自己的指导孩子就没法做事。不过一旦孩子能独立完成的事情多起来，家长就得找机会进入下一阶段。

家长对孩子发出命令，指导孩子行动。

"今天晚上你有数学作业和拼写作业要写，我们晚餐之前吃点儿零食，然后做好作业，这样我们晚餐后就可以玩游戏了。"

第二阶段：家长鼓励孩子掌握主导权，给孩子示范如何自

我管理。家长要和孩子合作，一开始家长先做主导，然后逐渐把主导权让渡给孩子。家长要鼓励孩子掌握主导权，让孩子和自己一起定计划。家长要培养孩子的独立性，让孩子去解决问题、做决定，逐步让渡主导权，让孩子一点一点地学会自我管理。如果你不确定孩子需要什么，那么第二阶段是个很好的起点。

家长的话术要从"我们"转变到"你"，要加入开放性的问题。

"你可以选择在晚餐前还是晚餐后做作业。你知道你有什么作业吗？你想什么时候做作业呢？在哪里做？做完了你想要什么奖励呢？"

第三阶段：家长让渡主导权，给孩子打辅助。家长继续和孩子合作。孩子要学会自己定计划，学会自我管理，家长在此过程中也要学会放手，进入辅助者的角色。孩子进入青少年时期时会需要你进入这个阶段，孩子会要求更多的自主权。事情越是重要（比如开车、申请大学），家长越想控制得紧。但是，家长在给孩子意见、建议之前，得先征求孩子的允许，把主导权放在孩子的手里，让孩子自己做决定。

家长要清楚地表达出孩子居于主导地位，自己只是辅助角色。

"你似乎有很多事要做。你觉得怎么样？你对……的计划是什么？我能帮你点儿什么？我有个想法，你要不要听听？"

第四阶段：让孩子做主，巩固上一阶段的成果，充当故障检修员。 孩子已经很明显是自己的主人了，生活独立，家长只是在孩子需要的时候提供鼓励和支持，帮孩子解决问题。家长和孩子都同意，孩子的生活已经不用家长管了。孩子进入青春期开始，家长就得逐步和孩子建立成年人之间的关系，当然要在这一阶段彻底实现这一目标还不切实际，因为孩子的大脑最快也要到25岁才发育成熟。

家长只需要给孩子查漏补缺，巩固上一阶段的成果。

"怎么样了？你看起来最近过得不错，这周有什么高兴的事情吗？我有什么可以帮你的？"

"感觉你过得不错，不过你要是想和我谈谈，我一直都在。"

家长会在这四个阶段反复徘徊，处于哪个阶段完全取决于孩子在特定情况下的需求，比如：

· 你觉得自己在早上像一个教官（第一阶段）。你认为7岁的孩子已经可以独立了，所以你和孩子达成一致，让孩子开始自己穿衣服，给孩子定计划，让孩子开始独立（第二阶段）。

· 你有一个 11 岁的孩子，写数学作业却还得要你帮忙才能开始（第二阶段），但是孩子能主动地去踢球，完全不用你提醒（第三阶段）。

· 你的孩子 16 岁了，已经能独立应付初中生活了（第三阶段）。不过在孩子考试期间，你还是觉得孩子遇到了困难，而且犹豫着不知道该不该寻求你的帮助。于是你帮孩子定了个计划，让孩子回归正轨（第二阶段）。

· 如果你的孩子想独立，但你还在犹豫"让孩子自己跌撞真的行吗"，那你就花点时间和孩子一起定个计划（第二阶段），然后再转换角色，让孩子做主导（第三阶段）。

· 如果你已经彻底放手（第三阶段），却发现孩子遇到了困难，先别插手接管（第一阶段）。你得先降格到第二阶段，和孩子合作，问孩子一些问题，给孩子指导（第二阶段）。然后再逐渐回到辅助位，一点一点来（第三阶段）。

· 即使已经独立了，上大学的孩子（第四阶段）也可能压力很大，需要你的帮助。在大二的时候，我女儿恐慌极了，给我打来电话。我没有直接告诉她应该做什么（第一阶段）或者我可以帮她做什么（第二阶段），而是问道："你现在有什么资源可以利用？"（第三阶段）。她决定去约一个学生辅导项目，我之后跟进了一下，确认她已经回归正轨（第四阶段）。

根据抚养四阶段理论，我们要逐渐转变我们的行为方式，把主导权让渡给孩子，鼓励孩子走上独立之路。仔细阅读上面的贴士，搞清楚孩子的实际情况，与孩子适当合作，帮助孩子在能力范围之内走向独立。

拒绝批判指责

内德·哈洛韦尔博士认为给"问题孩子"下"道德判断"——认定孩子的举动是错误的——是一种污名化行为，实际上孩子只是还没学会控制自己。这样的污名批判可能来自陌生人、其他家人、老师，甚至父母，会深深地伤害孩子的感情。如果我们也没法解释孩子为什么会有这样那样的问题，无法解释孩子为什么会做出不良行为，孩子就会苛责自己，有时候孩子对自己的苛责比实际情况更加不堪。

我们是成年人，但也会苛责自己。我们对自己很刻薄，对自己犯下的大小错误都表现出同样的厌恶鄙夷。

"批判"是一个很有争议的概念，我们对其充满矛盾的认知。

· 我们把批判当作生活的准则，把行为归类为好的、坏的、不好不坏的，然后据此做出一系列行为、决定。很多时候这种粗暴归类让生活更简单。

· 马克·伯廷博士（Mark Bertin）在他的《家有多动症儿童怎么办》（*The ADHD Family Solution*）一书中这样定义"批判"："批判会让我们和那些我们不能控制的事情较劲。"比如，养育"问题孩子"的家长发现自己不能控制孩子的行为时,会感到沮丧,这是可以理解的。如果一个过于调皮的 10 岁的孩子撞墙、爬到家具上,沮丧的家长可能会觉得孩子一点儿也不尊重他人,一点儿也不听话,甚至会刻薄地认为这个小孩儿一辈子也不会有什么出息。

一直苛责对孩子无益,对我们也无益。给孩子的行为贴上污名化的标签,只会让孩子觉得自己很失败,让我们没法给孩子帮助,孩子也没法学会改善自己的行为举止。

批判孩子的同时我们也会感到痛苦心碎,会对孩子的未来失去希望和信心。我们会失望难过,质疑自己,我们真的能做好父母吗?我们害怕自己可能做错了事,孩子本来不会这么糟的。我们把孩子的人生和自己的混为一谈。

所以,家长该怎么办?怎么才能纠正孩子的不良行为,同时还让孩子有韧劲儿,更自信?要是你完全相信能不能搞清楚孩子的问题、能不能帮孩子解决问题就是衡量好父母的标准,那又该怎么办?

伯廷博士希望家长不要批判孩子,而要洞察孩子的问题:"洞察能让家长搞清楚自己能改变什么,应该改变什么,不能也不应该改变什么。洞察有点像传统意义上的默祷沉思:接受不能改变的现实,改变我们必须改变的事情,找到能区别两者的智慧。"

对于家长来说，洞察意味着全面认识孩子的问题所在，接受孩子本来的样子；意味着让孩子学会自我管理，慢慢地学，而且要用合理、适宜的方式，一次学一点儿。在本书中我们会从多个角度探讨这个问题，尤其是在第六章。如果你有一个过于调皮的孩子，想要钻进洗衣机滚筒，你制止了他，这时候你要检视自己的想法和感觉。你生气了？厌烦了？你是不是对孩子永远没法满足的好奇心和惊天动地的调皮嗤之以鼻？你的想法以及随之而来的言辞、语气，都会传递很多信息。

学会从不同角度看问题

> 大多数真理都是感知，而不是事实。
> ——西蒙·斯涅克（Simon Sinek）

你有没有经历过那种很典型的时刻，杂货店里孩子忽然撒泼，所有人都盯着你们看？是不是所有人都对你和熊孩子指指点点？那时候你在想什么？你心里是不是也在指责你的熊孩子，或者你自己？你的孩子能从你的表情、声音里听出你在指责他吗？

那个时候，你的想法是什么？你有没有想，别人会怎么看我？肯定的。退一步说，情况的确够尴尬的。

但你也可以这么想："孩子现在很难过。我怎样才能让孩

> 我们每天、每时每刻都面临选择，就算你觉得自己没得选的时候你也做了选择。

子控制好他激烈的情绪呢？"你这么想可能没法让别人不对你侧目而视，但是肯定能让你用更积极的态度去处理这件事，还能让你和孩子的关系更亲密。

从不同的角度看问题让我们有机会看到新的可能。你可能听过这样的说法，"角度影响事实"，的确，你看问题的角度能够改变现实。

视角可以选择。我们每天、每时每刻都面临选择，就算你觉得自己没得选的时候你也做了选择。比如你其实不必每天都洗碗，你选择让厨房保持洁净仅仅是因为你喜欢洁净，但你不是必须这么做。

认识到自己做出了选择，掌握主动权，是一种解脱。另外，如果你不改变自己潜在的思想和看问题的角度，你就永远也不可能改变自己的生活。亨利·福特（Henry Ford）曾说过："你觉得你行，你就行；你觉得你不行，那你就不行。"

比如，如果你觉得"我儿子不尊重我，因为他从来不听我的话"，然后你对待他的方式就会像他真的不尊重你那样。但是如果你换一个角度，比如这样想："我儿子之所以没能按我说的做是因为他很健忘，他表现得粗鲁是因为他觉得健忘让他很难为情。"也许你就会用不同的方式处理问题。

如果你觉得孩子可以做到某件事，觉得自己可以不再大吼大叫，你会不可思议地发现那居然成为现实了。如果你觉得自己不能做到某件事，或者孩子不能做到某件事，结果你懂的。要想从另一个角度看问题，你就得相信新的角度才是真的。如果你根本不相信孩子是因为健忘或者难为情才这样的，那你就没法换角度看问题。

重点来了：你完全可以改变自己看问题的角度，而且随时都可以改变——只要你有这个意识，有这个想法。

事实上，整本书我都在给你示范怎样才能换个角度看问题。每一章我都会触及一个很常见的"问题"，然后告诉你如何"重塑思维"，这就是从另一个角度看问题了。重新解释一件事就是从另一个角度看问题，让我们看到新的可能。我并不是说要对问题视而不见，而是说我们得从不同的角度去看问题，然后才能发现危机中伴随的机遇。

有时候我们意识不到自己陷在一个视角里出不去。如果你发现你看问题只有一个角度，那你就得问问自己："我还能看出点儿别的吗？"或者"有没有另一种可能？"注意之后会有什么事发生。换个角度看问题，你就能找到新的可能，导向新的结果。

自我对话：学会放手

我的长子上高中的时候，因为大脑执行功能障碍，所以去了一个"特殊天才"学校,学校在加利福尼亚州洛杉矶市,他当时和另一个家庭住在一起,想当演员。我当时在乔治亚州的亚特兰大市。

那年1月份,孩子找了一份工作,需要去一个外国城市待几个月。从职业角度考虑,那是一次难得的机遇——他的演员梦成真了。但是孩子从来没有独自一人工作、生活、升学过,也从来没有自己做过饭。我当时只能做到不瞎担心。

我选择把这次危机视为机遇——让孩子学会从容生活的机遇。孩子的意愿很强烈,所以我们一起合作帮他渡过难关。

我们一起讨论他可以独立完成的事情。他很自信,觉得自己肯定能按时上班(虽然让他按时上学都很难),这样一来我们就开始讨论怎么才能让他做到准时,而且我们达成一致,由我时不时跟进查看。孩子自信能独立做到记台词、睡好觉,所以我就彻底放手不管了。

孩子觉得有三件事比较难独立完成:不在片场时怎么吃饭、收支平衡、做学校作业。我同意尽可能给他提供帮助。我们制订了一个食谱,其中有很多微波炉即食食品(在2013年,对一个不能吃麸质品的人来说,定食谱太难了);我们定好收支计划,商量好孩子如何让我跟进情况;我还得去给他找个辅导老师。这样的安排让我们都松了口气。我先征求孩子的同意,然后再插手他的事情,孩子知道我是他的后盾。我只关注孩子让我处理的事情,这能让我对其他事情放开手,还不失自信和轻松。

放手的艺术

这里有四个问题，能让你舒舒服服地把主动权让渡给孩子。你可能并不情愿，但是有个清晰的目标才能让整个过程可控可感。孩子迈向独立的过程中，每走一步，你都要根据孩子的情况改变自己的处理方式。

我下一步要放开什么？ 孩子下一步要搞定什么？选择一点，让渡主动权。孩子独立之后会是什么样子？你怎么才能确定孩子独立与否？你也许总是期待着孩子能一下子接手所有，所以你得注意放慢脚步（见第五章）。

我还不能放开什么？ 和孩子合作，一起搞清楚你还得掌控的事情，孩子还是需要你搭把手的。搞清楚为了接手你还在掌控的事情，孩子都做了什么准备。

我能给孩子什么帮助？ 找孩子指点你，问孩子需要什么帮助。一开始孩子可能也不知道自己需要什么，不过你的问题能让他们思考自己需要什么，可以让孩子学会在适当的时刻找外援。如果孩子抗拒你，那你就再问自己一遍第二个问题。孩子是不是已经准备好接手了，只是你还没放手？

我需要做点什么才能让自己好过一些？ 摆脱控制欲对一些人来说很难，所以注意自己的情绪。你可以找外援或者上培训课。在放手的过程中找点让自己愉快的办法，因为一旦紧张焦虑起来，控制欲可能会变得更强、更久。

为人父母其实就是在生活中不断放手：不控制孩子，摆脱不切实际的期待，不强求孩子按自己的想法做事情，不纠结自己在他人眼中的形象。

这就像在孩子童年时就开始玩接力赛，一开始接力棒都在我们手里，我们要把控所有，之后我们开始把接力棒一个接一个地送到孩子——真正的主人——手里。我们得确保孩子能紧紧抓住每一根接力棒，所以我们不能直接扔给孩子（虽然有时候你很想这么做）。你要仔细一点儿，这样孩子才能自信从容地掌握人生。

当你太执着地想让孩子成功时，你可能会控制得太紧、太久。你得放下控制欲，才能把主动权给孩子。这是为人父母应该做的事，虽然做起来不太容易。我们大多数人都非常努力地想要保持对生活的掌控感，所以放手可能会导致内心的冲突。

自我提问

- 你对自己的家庭了如指掌吗？
- 像一个培训师那样做父母有什么好处？
- 你目前处于哪一个抚养阶段？在你看来你的孩子已经准备好进入哪个阶段了？
- 抚养孩子的时候，你会不知不觉就开始苛责孩子吗？
- 你看问题的角度是什么？
- 你想什么时候放手？在什么问题上放手？

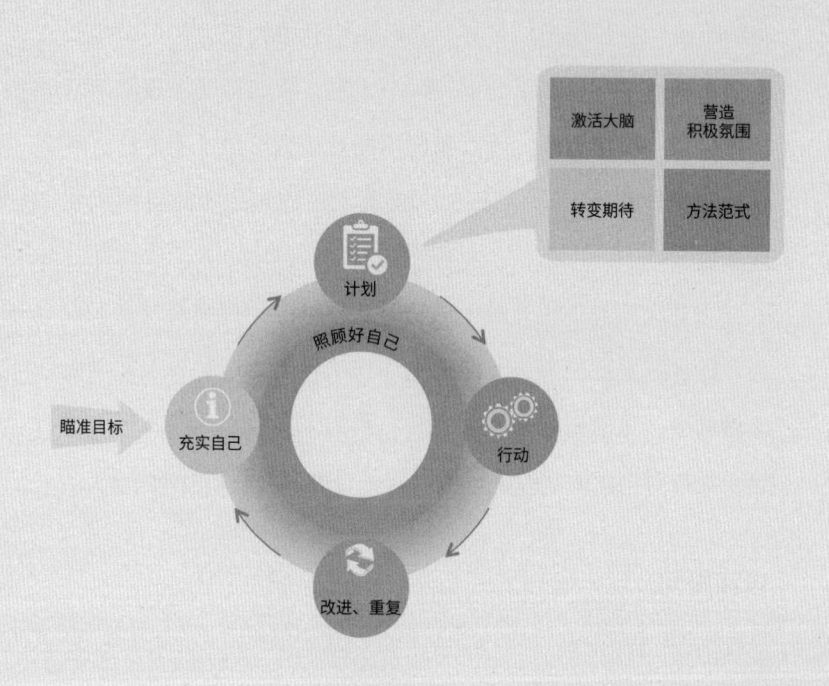

激活大脑	营造积极氛围
转变期待	方法范式

瞄准目标 → 充实自己 → 计划 → 照顾好自己 → 行动 → 改进、重复

第二部分
PART 2

影响力模型
The Impact Model

新范式：
像培训师一样做家长

A New Paradigm For
Parenting Like A Coach

摆脱困境

培训师法则的核心在于六步走影响力模型，方法简单清晰，能够解决复杂难题——一次一步即可。

第一步：瞄准目标。一次解决一个问题，问题越具体越好。问问自己："我想解决什么问题？"

第二步：充实自己。搜集信息，充分了解问题的前因后果。从自己、孩子还有其他人那里搞清楚他们都是怎么看这个问题的，为解决问题做好准备。

第三步：计划。每一个问题都有不止一种解决方法。行动之前先做好准备：

激活大脑：孩子的大脑决定孩子的想法和行为（这也适用于紧张焦虑的成人）。问问自己："孩子的大脑如何影响了孩子？"再问："我们得做点什么，才能帮孩子激活复杂的大脑？"

营造积极氛围：总是让孩子改这个、改那个，会让亲子关系不堪重负。家长要展望孩子的未来，让孩子相信自己能行。问问自己："孩子的长处在哪里？"再问一下："孩子有什么值得欢呼一下的成功经历吗？"

转变期待：孩子发育迟滞，要切合实际，逐步提高期待值。问问自己："我的期望与孩子的发育阶段匹配吗？"

方法范式：在激活大脑、营造积极氛围、转变期待的基础上应用方法范式，让孩子学会自我管理、自我约束。问问自己："新方法要达成什么目的？"

第四步：**行动**。根据定好的计划，开始行动吧！

第五步：**改进、重复**。真正的变化需要不断实践，需要时间和反复试验。试一下新办法，调整它，然后再试一试。这些都完成了，再定新目标。

第六步：**照顾好自己**。要想持久、坚韧，就得照顾好自己。照顾好自己还能给孩子做好示范——如何有意识地进行自我管理。

詹娜的故事

詹娜很难控制好自己对孩子的回应方式。她有一对 14 岁的双胞胎，孩子们越来越不尊敬她，吼叫威胁都无济于事。但这种情况却忽然有了转机。一次团体培训会议上，她说："当时我脑海里就像有个小灯泡一下子亮了起来，我想到要使用影响力模型。之后我大声笑出来，脑海里回荡着伊莱恩的声音，问自己：'我想解决什么问题？'"詹娜决定把目标定为让孩子在听到"不"这个字时，还能用尊重他人的方式做出回应，尤其是在她要求孩子做一些孩子不想做的事情时。她好奇孩子恶劣行为的缘由，承认有时候她过于上纲上线。她和孩子都同意用一个暗号来应对失落时刻，之后她就注意到情况改善了。她说："我想起应用影响力模型之后，一切都在飞速好转。"她成了自己的培训师。

重点："我想到要使用影响力模型。"之后，她在心里直截了当地问自己："我想解决什么问题？"

第五章
CHAPTER 5

"我该从何入手？"
"Where Do I Start?"

你可以全都做，但不能同时做（设定目标）
You Can Do It All, but Not at the Same Time (Take Aim)

> 我们总是过于在意躲避未知，却忘记未知也能带来快乐。
>
> ——一行禅师

工作量太大，让人望而生畏

刚为人父母的那几年，我不堪重负。要想让家里正常运转，事情多到离谱（我不是个例）：学校作业、文体活动、外出游玩、用餐食谱、洗衣服、接送、工作、宗教教育、家庭规模扩大、互相扶持、基本的医疗看护、支付账单、做一个好邻居和好朋友、买衣服、采购食品等等。

抚养孩子要求家长必须有计划组织能力、自我管理能力以及情感管理能力。

要是家有"问题孩子"，工作量会成倍增加。如果大人也有自己的麻烦，工作量继续增加，最后就会不堪重负，像包裹装了太多东西连边缝都要胀裂一样（见第二章）。

如果孩子有如下举动，那么家长的任务量也会成倍增加：

· 在家具和墙上蹦来蹦去。
· 总是丢三落四，从餐盒到大衣到袜子（啊，袜子！）。
· 虽然早就不是婴儿了，却总是经常情绪崩溃到惊天动地的地步。
· 极度依赖父母，难以独立面对世界。
· 上课发呆、行动莽撞，让父母和老师生气，或者反应过度，让家人如履薄冰。

除了基本的家庭重担，"问题孩子"还会给家长带来一系列额外的难题：

· 帮助孩子解决学校遇到的难题。
· 额外的家长会。
· 让孩子有学上。
· 大量的医疗预约、心理评估、心理治疗以及辅导。
· 孩子和其他小孩一起玩的时候看好孩子。
· 处理孩子情绪崩溃、低落抑郁的状况。
· 向家庭成员、培训师、老师解释孩子的情况。

- 更多情感上的支持。
- 孩子睡着的时候也要照看。
- 即使是最日常的事情,孩子也得有人帮。
- 给"问题孩子"量身定制生活规划。
- 参加家长课程、培训以及辅导项目。

简单来说,孩子如果冲动、黏人、容易分心、没有条理、情感不受控,或者过于活跃,可能会给家庭生活带来各种危害,需要父母花费大量心血专门应付。

以上列举的不过是父母的职责,还不包括孩子需要学习的任务(需要父母教他们)。这才是很多父母搞不定的部分——父母不知道该怎么帮孩子找到适合自己的学习方式。

父母得额外花心血去照料有特殊需求的"问题孩子",除此之外,父母的情感负担也十分沉重,难以衡量,其中最沉重的负担就是担忧。

父母有时候会感觉有些事情不太对劲,觉得恐惧、生气、不堪重负,或者三者皆有,他们准备好了(急需)做出改变。他们想立刻改变现状,不然就来不及了!

很多父母非常急迫,想要一次性解决孩子的所有问题。父母担心孩子没准备好应对未来,这种担忧情绪让家长动作更大(管教力度更大),所以他们对自己和孩子不断施压,压力又造成新的问题。父母希望毕其功于一役,就好像这是唯一的解决办法一样。但这只能让事情更糟，而不是更好。

真相很简单：家庭问题很复杂，痛苦很真实！

重塑思维：马拉松思维

任何一个参加过长距离赛事的人——我必须得承认我没参加过——都会告诉你，你不是只在赛事举办的那一天出现在赛场上就行。进入比赛的节奏之后，你没必要只盯着终点线。正相反，你需要专注于当下。检查你的身体、呼吸和精神，你只需要考虑跑出下一步就行。

想跑完马拉松有两个关键环节：

做好准备：良好的设备、营养、食物、水（超量）、睡眠、数小时训练等等；

调整节奏：循序渐进。如果你非要一开始就尽全力跑4分钟，不顾之后还有20英里（约32.19千米）要跑，那你很可能会在到达终点线之前就倒下。你需要定时摄取水和食物，调整好节奏，才能完成比赛。

家庭生活节奏很快，责任巨大。想要获得成功、保持理智，你需要马拉松思维。毕竟，为人父母是一场马拉松比赛，而不是短跑比赛，这是一场持续终生的赛事，需要耐力、专注、坚持，还要一直提醒自己正在跑长距离拉力赛。你越早学

> **抚养小孩的时候，不要低估耐力的重要性。**

会调整节奏，对每个人越好。

为人父母之初，你可能并不知道稳定的步调有多么重要。理论上来说你知道自己需要坚持很长时间，但是在有孩子之前，你并不明白那意味着什么！而且如果之后你发现自己的孩子是"问题小孩"，还要另说。

我经常对客户说："你可以全都做，但是不要同时做。"你要有这样的意识——允许自己一点一点地取得进步，这是积极的释放。你可以自己定义这种释放——照顾好自己、取得平衡、保持清醒、搞清轻重缓急，这都是调整节奏的手段。

调整节奏意味着：

· 有长远眼光。

· 明白人生是一个过程，而不是一个结局。

· 不要总觉得什么事都要按时发生。

· 允许孩子有自己的节奏，在他们准备好之前，不要揠苗助长。

· 明白照顾好自己也很重要。

· 深思熟虑再做决定，不要只想着找到"正确"答案。

· 留出弹性空间，因为生活瞬息万变。

· 不要攀比，专注于对孩子有意义的东西。

・做好对未来的规划，同时对变化持开放态度。

抚养小孩的时候，不要低估耐力的重要性。身体上的折磨——失眠、压力、承担责任——已经够我们受的了，会让我们迅速消瘦或衰老。情感上的负担更是让我们辗转反侧，彻夜难眠。马拉松思维能够让你摆脱重负，获得自由，不再纠结毕其功于一役，把目光放在下一步该做什么上，改善境遇。

方法：瞄准目标

团体培训会上，雅内尔兴奋地说她找到瞄准目标了。她有一个7岁的孩子，她一直希望孩子能学会自己穿衣服上学，不过她也承认她其实并不相信孩子能独立做到这件事。后来，雅内尔反复强化"我只做一件事"的想法，不断提醒儿子（提醒自己）这个目标。不到一周，孩子就能做到下楼的时候穿戴整齐，做好上学的准备。雅内尔又惊又喜。

如果你不知道如何培养马拉松思维，如何摆脱无时无刻的焦虑情绪，那么你可以从影响力模型的第一步开始：瞄准目标。不要想着一下子做完所有事情，一次只瞄准一个问题，让目标具体化，然后就能有成果。你可以在两个维度上瞄准目标。

宏观：以一个比较宽泛的视角，专注于一个你希望改善的笼统的问题，比如在学期开始的时候改善家里混乱的日常，或者在今年内改善家人之间的关系。

微观：解决日常问题，尽可能集中在一个目标上，越具体越好。比如，从早上起床到抵达公交车站或者车库之间还有很多步骤，为了让早上更顺利，你可以先集中在你最想改变的那个具体问题上，比如醒来、起床、穿衣、刷牙、吃早饭。

如果你内心在想："就选一个？可我有那么多事想做！"你不是个例。如果我们有很多问题要解决，做选择真的很难。而且说实话，你从哪个问题开始入手几乎不重要。就瞄准那个你觉得会让你身上的担子轻很多、你和孩子的痛苦也少很多的目标吧。

问问自己："我想看到什么改变？"根据孩子的情况，花一天、一周、一个月甚至更长时间瞄准这个目标。在团体培训中，我们建议家长一个月瞄准两个目标，有时候每次开会家长都会换一个新议题；也有些时候，家长会将同一个议题重复好几次，花时间来改进、重复（见第十二章），这样做出的改变才会持久。

培养孩子的独立性需要一步一步来。一次只专注于解决一个问题，不会让人觉得负担过重，我们也更愿意坚持下去，最后取得成果——我们和孩子都能有所收获。这可以让每个人都走向成功，一次成功会带来更多成功。瞄准目标可以让我们帮助孩子在一个领域实现独立，同时在其他领域继续扶持孩子前进。

比如，如果家长想让孩子早上闹钟一响就起床，就得帮孩子解决起床之后的事情。孩子去解决核心问题，只管起床这一件事。这样做好处多多：改善一个问题，会带动其他问题的解决。孩子觉得自己能成功起床了，可能就会开始自己刷牙，不用家长提醒。如果你一次只解决一个问题，就能更清楚地看到孩子的进步。

有一对新手父母在我们的脸书群里寻求建议，一位来自英国的妈妈这样回复他们："瞄准一个目标，一次只专注于解决一个问题，不然压力会太大。我家孩子 10 岁了，去年确诊患有混合型多动症。我当时觉得我们完了，这个问题永远也解决不了。一年之后，我们的进步十分不可思议。"

停止"自我鞭挞"

我们是成年人了，很熟悉网络霸凌、路怒症、职场情绪管理之类的东西。我们童年时就见识过霸凌，可以说生活处处有霸凌。不过迄今为止最恶劣的霸凌其实是我们内心对自己的霸凌。这是很难避免的一种霸凌，也是我们有能力解决的一类霸凌。

我们内心都有一些毫无益处的负面声音。在培训领域我们把这种负面声音称为"自我鞭挞""心情终结者""心中小鬼""心魔"等等。"自我鞭挞"让我们思绪混乱。"自我鞭挞"只强调我们做错的事情，让我们觉得我们什么也做不好。"自

如果霸凌你的是你自己，那你就能制止这种霸凌。

我鞭挞"让我们原地踏步，不让我们改变——就算往好的方向也不行。"自我鞭挞"的目的就是维持现状。

"自我鞭挞"可能是明显、恼人的，也可能是轻声细语、不易察觉的。不过不论"自我鞭挞"听起来多有道理，它讲的都不是实话。"自我鞭挞"的影响取决于我们是不是相信它的威力，我们可以不买它的账。

我把我最开始的"自我鞭挞"命名为"审慎"，她是个冷酷、精于算计的悍妇，却伪装成一个温暖、和善又有专业气质的好妈妈。这个魔鬼想迷惑我，让我以为她有着金斯伯格大法官的智慧，实际上她却是哈利·波特魔法世界里的乌姆里奇。我承认我之前一直让这个魔女统治着我，那时候我觉得自己糟糕极了，我永远也不会用她对我讲话的方式跟我的朋友、家人讲话。

你有没有对自己说过这类话："我就是个白痴！""我怎么这么笨？""我当时在想什么啊？""我什么也做不好！""我没法做，绝对不行。"或者"为什么总有麻烦来找我，为什么？"

这些都是我们对自己的"自我鞭挞"。

当然，"自我鞭挞"并不形单影只，就像《哈利·波特》里跟班总是和马尔福一起出现一样，我们内心的魔鬼有整个流行文化做后盾——电视、电影、杂志、社交媒体——这些都助长了我们内心的"自我鞭挞"。我们被告知要更瘦、皮肤要更光滑、更聪明、更性感。"自我鞭挞"把这些社会流俗加诸我们身上,让流行的偏见越发猖獗(见第一章)。

我告诫孩子要警惕内心的"自我鞭挞",甚至给孩子买了可以装在口袋里捏的小恶魔手指玩偶,让孩子可以在沮丧的时候捏一捏。我的成年客户还会把小恶魔玩偶用磁铁吸在冰箱上,或者挂在车钥匙上。什么办法都行,让"自我鞭挞"具象化,把恶意暴露在眼前。

"自我鞭挞"会让内心出现空洞,内心的魔鬼比任何人都容易惹到我们,知道如何在我们脆弱的时候给我们致命一击。

如何驯服内心的魔鬼

注意你对自己说的话。如果你发现你对自己说的话,从没对你爱的人讲过,那你要问自己:"我说的是真的吗?"不要让内心的魔鬼逍遥法外,分明说了谎,却假装那是真的。

在失败的基础上前行(见第八章)。放轻松,从错误中汲取教训,不要觉得自己不好。

接受生活中的小波折。犯了错误,不要再找借口,也不要责怪他人。错误就是错误。承认错误能够获得别人的尊重,也能够让你自信地应付内心的魔鬼。

不过如果霸凌你的是你自己，那你就能制止这种霸凌。如果你驯服了内心的魔鬼，你就可以教孩子做到同样的事。那才是应对内心霸凌的最佳方法。

抓住最重要的点

我一度十分焦虑，担心孩子学不会管理基本的日常生活，因此我想用一个"简单"的反馈计分表监控孩子需要做的每一件事——每一天，从早到晚。那段时间我的掌控欲到了极致。事后再看，妄图掌控一切真是荒谬至极（见第十章）。

计分表极端复杂——孩子会因为这个举动得两分，又会因为那个举动丢两分。最后我根本记录不过来了，工作量大到不可能完成。我想一次性解决所有问题，结果让我、我丈夫、我的孩子都不堪重负，十分挫败。

理论上，要是我能追踪到所有我认为重要的事情，把表格作为指导方针，一次解决一个问题，应该可行。不过那张表本来应该只是一张日常任务表，最后却让全家都受不了。我那时候根本不明白简化任务的重要性，简化任务，孩子才能知道应该往哪里使劲。有些事情可以等等再做的。

当孩子还是婴儿的时候，我们只想着让孩子健康幸福，这相对容易实现。但是当孩子长大了，我们的要求越来越高，孩子从醒来到入睡之间做的所有事情都预示着他们未来的发展，我们不再只希望孩子幸福快乐，这本来是我们内心深处最

计分事项

计分点

任务	分数	星期一	星期二	星期三	星期四	星期五	星期六	星期天
晨间任务								
6:45起床	2							
整理床铺、关灯	2							
7:05下楼	2							
早餐吃维生素	2							
早餐喝杯水	1							
7:40准备散步	2							
喂狗(乔希)	1							
洗鼻子、喷药、熏蒸	5							
放学后任务								
放书包／看计划表	1							
收拾午餐饭盒(剩余食物放冰箱、洗干净)	2							
吃点心	1							
喝杯水	1							
不用提醒开始写作业	1							
作业写完收拾好(乔希)	1							
把衣服挂在衣钩上，鞋子收拾好	1							
把书包归置好	1							
洗鼻子、喷药、熏蒸	5							
检查计划表是否还有作业没写	2							
晚餐任务								
待在餐桌上(乔希)	1							
尝试新食物	1							
说说自己的一天	1							
收拾碗盘、洗碗	1							
饭后倒垃圾	1							
收拾爸妈的碗盘	1							
晚上任务								
吃维生素(早上忘记的话)	1							
睡觉时间(乔希8点；叙德9点半；贝克斯10点)	1							
读书15到20分钟	2							
关灯(乔希8点半；叙德9点半；贝克斯10点)	1							
收拾10分钟(桌子、作业、房间)	3							
洗鼻子、喷药、熏蒸	5							
装书包／收拾作业	1							
每周任务								
锻炼(3~4次)	1							
练乐器(3~4次)	1							
洗玩具，清理篮子(中午、周日、3人)	5							
收拾衣服(周五)	3							
周一早上把洗衣篮放到洗衣间	1							
清理狗的耳朵								
给狗洗澡	2							
骑自行车(下坡)	1							
骑自行车(上坡)								
定下周计划	2							
各类随机任务分数								
洗车	5							
清理车子上的灰尘	5							
修剪草坪	5							
清理叶子	5							
自己洗衣服	4							
衣服洗好后拿到楼上	1							
收拾草坪上的砂石	2							

扣分点

任务	分数	星期一	星期二	星期三	星期四	星期五	星期六	星期天
晨间任务								
7:15之后下楼	-5							
离开前没穿好鞋	-2							
把午饭忘在家里	-3							
把午饭忘在家里，还要送过去	-5							
喂狗之前先自己吃饭(乔希)	-2							
放学后任务								
午餐盒没洗	-3							
衣服没挂	-2							
晚餐任务								
离开餐桌没收拾	-1							
一天没吃维生素	-2							
吃相不雅	-1							
晚上任务								
迟到15分钟(乔希)	-3							
迟到30分钟(叙德/贝克斯)	-3							
作业没收拾、书包没收拾	-3							
每周任务								
把脏衣服放楼下	-3							
没洗玩具、没清理篮子	-5							
没喝水(叙德)	-2							
周日5点前衣服没收拾好	-5							
周一没把脏衣篮拿下来	-1							
各类随机任务分数								
说"我只是……"	-1							
说"我知道"但其实没听	-1							
"等一下……等一下……等一下……"	-1							
把东西乱丢在篮子周围	-5							
做家务时吵架	-5							
不关电脑	-2							
写完作业没退出电脑账号	-2							
不扔垃圾、不清理	-2							
对父母/他人大吼大叫	-2							
打人、踢人、咬人								
撒泼	-2							

大的渴求。

　　想让孩子一下子满足我们所有的期待根本不切实际，我们只看结果，比如作业写没写完、分数高不高、家务是否完成。我们建立了一套衡量成功的标准，比如在学校要表现好、交到好朋友、维持友谊、听话、尊重他人、体贴。这些我们全都想要——现在就要。

　　长期来看，为了孩子的健康、幸福，我们要从小事做起。专心跨过接下来的障碍，别去在意整个长跑。培养马拉松思维，瞄准目标，摆脱"自我鞭挞"，专注于有益孩子成长发育的重要任务。这就需要你（和孩子）来确定，接下来最重要的任务是什么。

　　把这个简单的问题写在便利贴上，搞清轻重缓急。比如："现在最重要的是什么？"或者"此刻我应该优先做什么？"把便利贴贴在你可以一眼看到的地方——冰箱上、厨房台面上、内衣抽屉里。如果你又因为一个任务没完成而感到愤怒，深吸一口气，想想这些问题。

　　你最想做的是让孩子读完高中念大学吗？是为他们人生未来的道路做好准备？还是帮孩子取得成就，建立良好的人际关系？有时候你会发现，及时清理不重要的垃圾任务是很必要

> 长期来看，为了孩子的健康、幸福，我们要从小事做起。专心跨过接下来的障碍，别去在意整个长跑。

的——这样答案才会显现出来。或许你会发现,虽然一天都慌里慌张,但孩子还是完成了作业,你不想用别的事打扰孩子。

在某个阶段,你会对孩子抱有很多期待,这些目标长远来看都很重要。但是短期来看,排出优先级非常重要,而且长远来看这有助于孩子取得成功。要记住不管什么事,只要花时间都能实现。确定事情的轻重缓急,搞清楚对你来说什么最重要,不要让"事"优于人。

自我对话:先照顾好自己

很多年前,儿童与家庭心理治疗师大卫·亚历山大(David Alexander)带了一根巨大的断裂的橡皮筋去给家长做讲座。这根橡皮筋之前曾被缠在阁楼的某个地方,因为抻得太长变得又干又脆。就算是最有弹性的橡皮筋,抻得太薄也会失去弹性。他这么比喻:家长偶尔也需要舒缓精神,才不至于像橡皮筋一样被抻断。

理论上,你知道要先照顾好自己,然后才能满足孩子的各种需求,但是对我们大多数人来说,相信这个理论太难了。照顾自己并不是只有其他家长能享受的奢侈,照顾自己从改变你对自己说话的方式和看法开始。

对有些人来说,这听上去好像很难做到。说实话,我每天仍在面对这个难题。我更关注家人、工作的需要,而忽略了自己的需求。但是如果我真的耗尽自己,最终所有人都会受影响。

影响力模型就是围绕着关心自己建立的,关心自己是本书一切观点的核心。这就好像在飞机上你得先自己戴好氧气面罩,然后才能帮助他人。你必须把自己摆在最前面,不是嘴上说说,得真的这么做才行。你和孩子在天平两端,只有你好了,孩子才能好。如果你因为没有氧气面罩而晕倒在地,那你怎么能在漫漫人生路上调整好自己的节奏呢?

你不相信?想一想,满足自己的需求(至少是部分需求)是不是很重要?睡饱觉(我没开玩笑),给自己设下边界,和伴侣、孩子出去玩儿。

如果你能拿出一点儿精力,照顾好自己,对你的家人会有什么样的影响呢?孩子因为写不完数学作业焦虑得要命的时候,你是否会因为照顾好了自己而容光焕发,有足够的精力去处理孩子的情绪问题?如果青春期的孩子惹你发怒,你能否因为照顾好了自己而保持冷静,不去上纲上线?

照顾好自己还能给家人带来什么间接的好处呢?如果孩子有慢性病,那他们尤其要注意照顾好自己。家长对自己的关照能给孩子做出良好的榜样,让孩子学会自我管理。孩子会学习你的经验,看到你关心自己,他们很可能会效仿你。孩子不

> 如果孩子有慢性病,那他们尤其要注意照顾好自己。家长对自己的关照能给孩子做出良好的榜样,让孩子学会自我管理。

会"按你说的做",只会"按你做的做"。他们通过你的行为来学习经验。

我们社区有一位母亲,找到全职工作之后就不再锻炼身体了,因为她觉得自己待在家的时间太少,很内疚。可是渐渐地这位母亲越来越易怒,她以为是工作的原因,之后她的孩子请她重新开始锻炼,几乎是在乞求她重新照顾好自己。

同样,我丈夫开始经常锻炼之后,孩子们见他十分享受锻炼身体、挑战自我,于是他们也学着他的样子开始锻炼了,至少我家三个孩子里有两个都愿意做体育运动了。孩子将来可能锻炼多些,也可能少些,但是锻炼的重要性他们已经很清楚了。我认为直接原因就是我丈夫身体力行为孩子做出了榜样。

照顾好自己能让你更专心地满足家人的需求,如果你想帮助别人,就得先让自己精神满满。

自我提问

· 拿出你的日志或者笔记本,把你身上的担子列出来。一直写,宣泄出来。

· 马拉松思维对你有什么帮助?

· 大方向一个,小细节三个,你想瞄准什么目标?选一个开始吧。

· 你是如何"自我鞭挞"的?

- 作为父母，对你来说最重要的是什么？
- 列出几个你为忽视自己找的理由（如果需要，回去翻翻你的日志或者笔记本）。现在，换个角度，重塑思维，在这些理由旁边写上更积极的解释。

琳达的故事

我第一次和琳达通话时，她是从壁橱里给我打来电话的。琳达总是处于战斗或者逃跑的状态中，她大部分时间都在办公室待到很晚，回家就躲进壁橱里，她觉得躲在壁橱里要比买一张单程票逃离小镇（这是她内心真正想做的事）好得多。琳达告诉我，几天前的晚上，她口不择言，爆发了一场激烈的争吵，最终她下定决心参加我的进修班。石膏可以拆掉，但伤痕却永远留存，她说出的话语永远无法收回，伤害是永久的。琳达很清楚（她也许第一次这么清醒），虽然儿子并不全然无辜，究其原因，是她的无力自控才让事情糟糕到现在这个地步。琳达希望结束一直以来的混乱的生活。我再三安慰她，虽然我们不能控制什么事情会发生，但我能教会她优雅而有尊严地应对意外。

重点：琳达因为口不择言伤害他人且无法挽回而焦虑不已。琳达无力自控，不仅于己无益，而且让事态雪上加霜。

第六章
CHAPTER 6

"为什么孩子就不能……"
"Why Can't They Just...?"

没有人比你更了解自己的孩子
No One Knows Your Child Better Than You Do

了解现实才能改变现实。

——一行禅师

"为什么孩子就不能……"

尽管人们抱着善意,朋友带着关心,但他们永远不了解你生活的真相。你的生活比表面看上去复杂太多。

心理问题,比如多动症、焦虑、自闭、学习障碍还有其他相关疾病,对于直面它们的人来说,每个人的情况都不相同。心理问题不是可测量的东西(像血糖指数),也不是可见的东西(像断掉的骨头),心理问题会悄无声息地潜入生活的边边角角。

家长要花费数年时间才能对孩子的问题有一些基本的了

解，引导他们走出他们复杂的大脑迷宫。然而内心深处，我们一直在隐秘地自我斗争：有时候我们很难接受，孩子的确有一些问题。

·太可怕了，我家孩子的发育远远慢于同龄人，在发育水平上没法和同龄人齐平。

·太让人恼火了，我觉得自己跟破唱片一样，总要这里调调，那里调调。

·我要疯了！我家孩子平时那么可爱，但他有时候居然会对兄弟姐妹和父母说那么下流的话，就算是粗鲁的水手听了也要脸红。

我们沮丧、恼怒、筋疲力尽、不堪重负，没精力去思考孩子达不到目标，背后是不是有什么正当理由。我们只求孩子能"正常"一点儿，给我们喘口气儿的机会。

所以，听到好心人说"要是你能……就好了"，建议我们严格管教孩子，让孩子老实一点儿，给孩子立规矩，或者"别让他们那样对你讲话"，我们听进心里去了，又觉得没什么效果。

我们只求孩子能"正常"一点儿，给我们喘口气儿的机会。

之后我们不知不觉地就这样对孩子了。就像我一个客户写的："我'只是'想让我儿子能交作业，'只是'想让他别那么情绪化，'只是'想让他遵守简单的指令，'只是'……你可以填空了。"

有多少次，你想搞清楚到底发生了什么，结果却简单一句概括了事？"噢，是的，孩子就是冲动了！""嗯，孩子就是分心了。""哇，这孩子根本就没记住我说的话。"

一方面，你知道孩子为什么就是记不住要把衣服拿去洗，为什么总是反应过度、和兄弟姐妹打架。因为孩子大脑执行功能发育异常，所以孩子的表现远远滞后于他的生理年龄（见第七章）。

但另一方面，有时候家长要花很长时间才能抓住问题的本质。就算家长在理论上明白孩子发育异常，但还是会说类似这样的话：

· "我知道他有焦虑症，但是他不听我的话这件事就是让我接受不了。"

· "为什么我告诉孩子别跳上沙发，他们立刻就去跳？"

· "为什么孩子这么敏感？"

· "为什么她不告诉我到底发生了什么？"

· "我才意识到孩子的多动症是这一切的原因，虽然你跟我说了两年了，但我才明白。"

- "为什么我总得不停重复我说的话？"
- "孩子明明做了作业，为什么就是不交？"

"为什么？"我们问。"为什么你没有……""为什么你现在不……""为什么你就不能……"这些问题把我们的无能为力展现得淋漓尽致，问这些问题对我们和孩子毫无益处。我们以为问这些问题能得到答案，但这只能让我们沮丧，让事态更严重，让所有人都陷入对抗情绪。"为什么你就不能……"这个问题会让孩子永远陷入失败者的角色中，会让我们觉得自己是受害者，一切都是注定的不幸。

成年人如果大脑发育异常，也会有同样的问题。我们会健忘，会管理不好时间，但是我们不想让孩子遭遇同样的痛苦，所以有时候我们对孩子过于严厉，给孩子设定他们根本达不到的标准。就算我们不说"为什么孩子就不能……"，改成"要是孩子……就好了"，结果也是一样。

重塑思维：孩子是调皮还是发育异常？

你工作了一天，下午 5 点 30 分到家，没料到路上堵车堵了 30 分钟。现在你要做饭，还得辅导孩子写作业。你最小的孩子还得在晚餐前洗澡，不然之后你就没法让大家按时睡觉。于是你让 14 岁的长子（患有多动症和焦虑症）烧一壶水，因为你正给 6 岁的孩子洗澡。你别无所求，只希望孩子说："好的，妈妈，我还能帮你什么呢？"然而，你的儿子尖叫着喊道："我不能烧水！我作业太多了，我不是在开玩笑。你根本不知道我有多少数学作业要写……我们数学老师恨我们！我的作文明天要交，老师之前根本没说！我不烧水！"

你此时几乎要气炸了，情绪比开始还激烈。你想大吼："你个臭小子！你知道我这一天有多累吗？我又没让你做晚饭，你这个年纪应该学着做饭了，我只是让你烧壶水！"

但是你没有爆发，而是深吸一口气，又呼出去，之后问自己："这是因为调皮，还是大脑发育异常？"儿子身上到底发生了什么？他因为情绪太紧张，十分痛苦，同时又意识到自己没有提前做好规划，写作对他来说很难，于是他的情绪更加激动。他已经不堪重负了，只想发泄怒火，因为他已经憋着这股火儿一整天了，而你就是孩子能够发火的人。

2002年左右，凯瑟琳·普拉茨曼博士（Kathleen Platzman）教会我问这个问题，从那之后我一直用这个问题问自己。每次我想说"为什么孩子就不能……"的时候，我就会换成这个问题："这是因为调皮，还是大脑发育异常？"

烧一壶水这个简单的命令背后，需要大脑执行功能的多个区域参与。如果你了解一点儿大脑神经传导的知识，你可能还是会难过，但是你不会再认为孩子是个粗鲁的家伙，你可以给孩子提供更好的支持。

比如，你能：

确认孩子身上发生了什么，让孩子认识到问题。

("哇，你听起来真的很沮丧，我猜你是因为事情太多，所以压力很大吧。")

表达你的同情。

("当我觉得时间来不及的时候也会很烦。我也有那种感觉，我能理解你。")

纠正、协商，给孩子点儿控制权。

("我不知道你有那么多事情要做——如果你烧壶水，今晚我就有更多的时间辅导你写作文了。你觉得行吗？我们可以合作，搞定作业！")

大脑负责指挥所有行动，执行功能则管理着生活的方方面面——思维、感觉和行动。孩子行为异常的背后有神经学上的原因，认识到这个简单的事实会让你松一口气，让你不再批评、指责孩子，而是更同情、理解孩子。

当然，有时候孩子就是顽皮捣蛋，如果孩子的情况是顽皮，那你应该用一些方法纠正孩子的行为，这样的行为很好纠正。不过如果是神经方面的问题，那世界上可能根本没有能改变孩子行为的办法，怎么制止也没有用。

不过如果是神经方面的问题，那世界上可能根本没有能改变孩子行为的办法。

接下来的几章，我会介绍一些方法策略，让家长能够有效地应对孩子的问题，认清孩子不良举止背后的神经学方面的深层原因。一旦你认识到孩子正因此十分痛苦，下一步我们就要用到一个方法，我的一个客户称其为"好奇心法则"。

方法：不要发怒，保持好奇（措手不及时）

我知道有一种说法叫好奇害死猫。但是如果家长没有好奇心，可能会让孩子处于危险之中。

虽然孩子的不良行为情有可原，但我们还是觉得应付不来。我们会感到沮丧、恐惧、不堪重负、满心绝望。如果家长的执行功能活跃旺盛，那么做个计划再好不过了；不过如果我们本身就有这方面的问题，那么计划不过就是一个两个字的词语罢了。不管怎样，我们都想清楚地知道如何往前走，好奇心就是通往前方的路径——好奇心会让我们做出更好的计划，更有效率地解决问题。

如果你开始对别人的行为品头论足（不仅仅是对你的孩子），你就要注意了。深呼吸，提醒自己要保持好奇心。问自己一些问题，比如："到底发生了什么？""他们的动机是什么？""发生了什么事导致了这种行为？"好奇心可以让你的注意力从"他们为什么做出这种事"转移到"我想知道他们经历了什么"。这能够让你的思维从"为什么孩子就不能……"转变为"这是因为调皮还是大脑发育异常"。

好奇心是影响力模型第二步中最重要的工具。瞄准目标，确定要解决的问题之后（见第五章），发挥好奇心，搜集信息，搞清楚发生了什么。做一点儿侦查工作就能让你从不同角度看问题，发现孩子潜在的动机和困境。你的视角是什么样的？你的孩子经历了什么？学校里或者其他家人又发生了什么呢？运用 WIGO 法则（全称为 What Is Going On，缩写为 WIGO）问问自己"发生了什么"。

接下来的四个章节，我会介绍四个步骤，让你能够整合起来，四步走解决困境。当你觉得困惑，不知道说什么，或者觉得某人的行为不可思议时，发挥你的好奇心，转换视角，看到新的可能吧。

激活大脑：人的行为受身体和大脑内部的化学反应影响，"问题孩子"和不堪重负、压力极大的家长都是如此。不论你是通过锻炼身体、增加营养、补充睡眠、看病吃药、沉思冥想、培训上课，还是其他各种方法来激活大脑，只要能改善大脑的工作状态，让你能更有效率地执行计划即可。

营造积极氛围："问题孩子"总是丢三落四、毛手毛脚、记性不佳，家长从早批评到晚——家长经常意识不到这一点。就算孩子总是犯错，家长总得纠正错误，维护亲子关系和孩子的自尊都是非常重要的。家长要发现孩子的潜力，让孩子相信自己能够取得成功，就要看到孩子积极的一面。

转变期待：对孩子期待过高情有可原，不过你得根据孩子的发育规律去设置期待，这才是秘诀。"问题孩子"通常比同龄人发育迟滞 3 到 5 年（大约落后 30%），设定切合实际的合理目标，能够让孩子忽略年龄产生成就感。转变期待并不是妥协、降低标准。

方法范式：如果我们已经激活了大脑、营造了积极的氛围、转变了期待，那我们可以用点儿有效的方法范式，去管理、改善我们的生活了，此时用这些方法才最有效果。方法范式不是目的，只是一种手段，让我们能管理、约束自己，成功逆袭。

保持好奇，能让我们帮到孩子，给孩子做出行之有效的规划，最终让孩子走向成功之路，承担属于自己的责任。

不要羞辱责备

我们不想让孩子觉得自己很糟糕，但是我们非常迫切地希望孩子能够为自己做的事负责，对我们的付出心怀感激，所以我们会开始指责孩子的不足，虽然我们本意并非要羞辱责备他们。

我们希望让孩子明白，他们不是坏孩子，他们只是陷入了困境——我们可以帮他们走出困境。

同样，孩子并不是故意撒谎或让我们失望。如果孩子把由神经发育异常导致的行为归咎于自己的"调皮"，他们就会觉得羞耻、难堪，这是个恶性循环。

家有"问题孩子"，对抗情绪、恶劣行为简直司空见惯。每个年龄段的孩子都想做"好孩子"，一旦他们做不到，就会觉得自己是"坏孩子"。所以，孩子要么变得极具攻击性（有时候甚至过分到难以复加），要么就和父母对抗，不愿意承担责任。孩子的行为又加剧了家长内心深处的担忧，最后家长会困在不断羞辱责备孩子的无尽循环之中。

我做咨询的时候这样的情况数不胜数（不论孩子在什么年龄段，有什么心理问题）。比如，你可能很难接受以下事实：孩子不听话，不是因为他本性粗鲁、是个熊孩子、不尊重人，孩子的这些举动和是否尊重他人、爱戴家长一点关系都没有，只是孩子的大脑里没有相应的激活机制，才让孩子陷入这种困境。我们根本不必指责他们，更不必让他们觉得自己是"坏小孩儿"。

即使最棒的家长也会有不好的教育习惯需要改掉、不好的沟通方式有待加强。为了改变负面的沟通模式，即使是对大一点的孩子，也要：

1. 注意你的措辞、语气和臆断是不是对孩子的羞辱责备，如果是，赶紧停下。这样讲话只会让你没法和孩子建立并保持互相信任的亲子关系，也没法让孩子学会承担责任。

2. 如果你觉得别人对你或孩子的看法会让你觉得难堪、焦虑，那么这种感觉无疑也是羞耻感。去找点外援（培训师、治疗师、好朋友），根据孩子的需要而不是别人的看法设置合理的期待值，这样你才能让孩子发挥最大潜力。

3. 如果读到这里让你觉得有罪恶感或羞耻感，那么请重新阅读第二章，尤其是"不纠结过去"和"放过自己"这两部分。寻求帮助，努力控制好自己的情绪开关，这样你才能帮到孩子。

4. 如果你的孩子对抗心理很严重，经常撒谎（这是防御心理导致的不诚实），很可能是因为孩子总觉得羞耻，却调节不好这样的情绪，也有可能是因为你虽然没有刻意指责，但孩子还是觉得自己被责备了。用不带偏见、只讲事实的话语来消除无心的话语给孩子带来的羞耻感。

重点：我们希望能让孩子为自己做的事承担责任，而不是让他们觉得自己是个道德败坏的坏孩子。我们希望可以区分"不好的行为"和"不好的品性"，我们还想让孩子明白，他们不是坏孩子，他们只是陷入了困境——我们可以帮他们走出困境。

把孩子当成需要帮助的人

重要的是明白潜能所在，发挥潜能。

——电影《触不可及》

如果你的孩子没法行走，坐在轮椅上，你绝对不会让孩子从台阶的最下面一级跑到最上面一级。如果非要爬楼梯，你会知道孩子需要花很久的时间、非常努力才行——孩子可能得用手去爬，或者需要安装一个传送带。孩子成功爬到最顶端获得的成就感将是孩子辛苦付出最甜蜜的回报，你也会由衷地为此欢呼雀跃。同样，如果一个小孩有焦虑症，让他和老师讲话、在朋友家过夜，对他来说就是爬不上去的高台，你得承认孩子的焦虑情绪，帮孩子制订计划，帮他们完成目标。

有些孩子因为得了病，所以行动不便。我们的孩子也是因为得了病，所以大脑发育滞后了。我希望你能把孩子当成需要帮助的人，孩子的情感发育、社会交往、组织能力都需要在帮助下提升。

许多家长拒绝接受自己的孩子需要帮助，我也是这样，很多年来都是如此。我不希望这是真的，我希望孩子是"正常人"，是"普通人"。我希望孩子是健全的。我希望孩子能活得轻松——我也希望自己活得轻松。

家长跟我说他们不想给孩子"贴标签"，不想让这些"标签"成为孩子的拐杖（借口），他们希望孩子能把控自己的生活，所以拒绝给孩子这个借口。但是如果一个孩子需要拐杖，他就真的需要。我们可能心知肚明，孩子在这段时间可能有些与众不同的"特殊之处"，我们得帮助孩子，满足孩子的需要，但是家长的这种认识总是坚持不了多久。如果家长不能把压在孩子"受伤的腿"上的重担拿开,孩子的伤永远也好不了,孩子可能要一辈子拄着拐杖走路。

把孩子当成需要帮助的人,在孩子达不到我们要求的时候,明白这是情有可原的。如果我们不去减轻孩子的重担,孩子的大脑发育就永远也赶不上同龄人,孩子也永远学不会那些必备的生活技能。

孩子的问题体现在生活和学习的方方面面:控制不好情绪、无法管理生活、有拖延症、不服从命令、去餐厅吃饭也出状况等等。孩子可能需要人提醒才能开始写作业,需要帮助才能整理好书包。你不能直接让孩子打扫整个房间,你得让孩子从整理一层书架、收拾一个抽屉开始。有你的帮助,孩子最终可以达到目标。如果孩子和同龄人相比非常不成熟,或者完全不擅长自我管理的话,我们得保证,不会把孩子从"轮椅"上拖走,命令他去爬楼梯。

作为父母,把孩子当成需要帮助的人能够让你根据孩子现有的能力水平,教育、引导孩子。

这样的思维有助于:

· 摆脱别人的看法给你带来的困扰,专注于孩子本身。

· 不再无度攀比,把孩子和同龄人比来比去,根据孩子的发育阶段设置合理目标。

· 有意识地瞄准目标,搞清楚目前不必强求什么。

·提议在学校里也要根据孩子的发育阶段合理地教育、引导孩子。

·加强沟通,和孩子说清楚你的要求,让孩子成功达成要求。

我们得认清孩子的问题所在,接受孩子本来的样子,才能帮到"问题孩子"——要认识到孩子也是人——我们得教会孩子也能看到自己的问题,接受自己本来的样子。我们的孩子可能是幼儿、少年或青年,他们挣扎着想要满足外界在学习和生活上加诸他们身上的期待。我们要摆脱不合时宜的完美主义,因为这种完美主义非常不明智,会让孩子感到痛苦,觉得自己毫无价值,我们得让孩子接受自己,理解自己。

不管孩子有什么问题,把他当成需要帮助的人能让我们转变期待,看到孩子能做到的事,然后我们就能让孩子根据自己的发育水平学习技能,一次学习一个就行。

自我对话:应对情绪,不要应付情绪

还记得 2015 年上映的电影《头脑特工队》(*Inside Out*) 里的场景吗?家人之间的对话越来越不愉快,大家的情绪即将爆发,女儿想要停止这一切,最后把手拍在桌子上,沮丧地喊了一句:"能不能别说了!"虽然女儿很不冷静,但是她这样说也是希望家人能给她一点儿空间,让她冷静一下。然而爸爸根本没有给女儿空间去缓和事态，而是大吼着说："就这样，回你的房间！"

这段场景被认为是这部励志电影中最精彩的片段之一，可能是因为这个场景捕捉到了我们都熟悉的家庭一幕。我们所有人——父母、孩子——被激怒的时候都会有这种反应，让局面雪上加霜（会哭、会发怒、会说大话、会严厉惩罚孩子，甚至可能会砸墙）。要让孩子学会管理情绪，我们首先得学会管好自己的。

如果一个人意识到自己需要冷静下来，这绝对是一个良好的应对方式，不管这个人年龄多大都是如此。电影里的爸爸就没有意识到女儿喊出来其实是想要控制自己激动的情绪。最终，爸爸的反应让事态雪上加霜，每个人都无法冷静下来，自然也就没法好好处理这次争吵。

你掌控不了事情的发生，你只能掌控自己应对事情的方式。如果你想和自己对话，可以从管理自己的情绪反应开始。

做自己的培训师，应对情绪，不要应付情绪

你的情绪开关在哪里？ 注意自己发火的原因，不论你本意如何。你到底为什么生气？是因为太忙、总迟到、孩子顶

> 你掌控不了事情的发生，你只能掌控自己应对事情的方式。

嘴还出言不逊、孩子不尊重你，还是因为上网看到了孩子的成绩单？

你的真实想法和感受是什么？ 家长可能会感觉愧疚、沮丧、不堪重负，上网看孩子成绩单的时候，家长可能会想："孩子可能有17次作业没有完成，太糟糕了，我搞砸了，因为我居然什么都不知道。"一个讨厌迟到的家长可能会想："老师也许会觉得我不关心孩子，也不愿意管了。"如果家长希望自己是孩子的榜样，可能会想："我儿子一点儿也不尊重我，一点儿也不关心我的想法。"

更积极的想法是怎样的？ 我们的这些想法可能有一小部分是真的——也许你搞砸了、老师会对你指指点点、孩子不尊重你，但是这些想法都是夸张变形的，是你"自我鞭挞"的产物（见第五章）。所以，选择一种更积极有效的思维方式帮自己冷静下来吧。也许你真的已经竭尽所能了，老师会明白你真的尽力了；也许你的孩子内心很尊敬你，但是没有表现出来，因为他很沮丧。

如果你打算收拾好自己的情绪，得让孩子也做到这一点。虽然这不能让孩子永远不爆发，但是可以降低孩子爆发的强度和频率。当你听到青春期的孩子大喊："很抱歉我现在在大喊大叫，我真的很沮丧，但我也不知道为什么。"你就已经达到目的了。

让全家一起管理自己的情绪开关会产生巨大的威力。每个人都会偶尔发脾气，这很正常。发脾气的时候互相帮助，控制住局面会在你们之间形成亲密的联结。想象一下你的孩子这样说："我现在很恼火，给我 5 分钟，我很快回来。"

搞清楚情绪开关在哪里可以让大家知道什么时候需要暂停片刻，知道如何去应对问题，而不是应付问题。拉塞尔·巴克利博士（Russell Barkley）认为，患有多动症的成年人丢工作的原因多是因为控制不好情绪，而不是因为没做好工作。所以，应对情绪，不要应付情绪，是一个重要的生活技巧——应对情绪，是给自己最好的礼物，也是给孩子、你所珍爱的人最好的礼物。

自我提问

- 你在什么时候会陷入"为什么孩子就不能……"的陷阱？
- 当你问出"这是因为调皮还是大脑发育异常"时会产生什么不同？
- 你好奇什么？
- 你准备好摆脱责备和羞耻感了吗？
- 把孩子当成需要帮助的人有什么好处？
- 为了更好地应对情绪，你能做点儿什么？

亨利的故事

"我知道我儿子没有你说的那个'一按即做'按钮,但是我不知道我还能做什么。"亨利写道,"我让他做点儿事,他说等下做,但是后来并没有做。我不知道怎么让他做事。我不想把我的余生都用来照顾他。我计划要退休,但是现在看来我可能永远没法退休。"亨利上了我的进修课,才明白他的儿子有执行功能障碍,并不是故意搞砸事情的;但是亨利担心儿子永远也不能独立,因为他学不会服从命令。在亨利帮儿子搞清楚他最重要的任务是什么、找到做事的动力的过程中,亨利改变了自己抚养儿子的方法,他不再对孩子吼这吼那,而是开始鼓励孩子慢慢学着把控自己的行为。

重点:"我知道我儿子没有你说的那个'一按即做'按钮,但是我不知道我还能做什么。我让他做点儿事,他说等下做,但是后来并没有做。"

第七章
CHAPTER 7

"我家孩子就是没干劲儿"
"My Kid's Just Not Motivated"

如何让孩子……（自己填空）
How to Get Your Kids to . . . [Fill in the Blank]

> 表达同情最有效的方式是听，而不是说。
>
> ——一行禅师

孩子们没有"一按即做"的按钮

有些人列出一堆待办事项，动力满满。有时候他们甚至把已经做完的事情也写出来，仅仅是为了在列表上画掉这些项目。这样的人沉迷于完成一件事给他们带来的成就感，不论完成这件事是为了满足他人的期待还是自己的需要。责任感或期待感足以激励他们行动，让他们做事。

但是很可能你的孩子不是这样的人（你可能也不是）。

> **简单的脑科学知识**
>
> 大脑通过化学反应传递信号，让我们能够思考、感知、行动。神经递质是传递神经元信号的化学物质，神经递质释放，可以让大脑的不同区域联结起来。如果神经递质分泌水平下降，比如多巴胺、血清素、去甲肾上腺素等，那么患有焦虑症、抑郁症、多动症或者执行功能障碍的孩子的大脑就没法分泌足够多的化学物质，在没有外力介入的情况下无法传递信号让他们行动。

我们的孩子可能根本就不会因为画掉待办事项、达成他人的期待或者做有利于自己的事情而产生动力。青春期的时候，他们可能也不会为了让父母高兴而做事。即使孩子们同意做点我们希望他们做的事情，他们也无法坚持到最后。他们需要用别的办法激活他们的大脑。

换句话说，执行功能发育异常的人根本就没有"一按即做"的按钮。

有些人做了决定就可以开始做事，因为他们的大脑就是这么构造的。他们大脑分泌的物质可以让他们根据指令适当地接收和发射信息。如果你就是这样的人，你可能没法理解为什么别人无法像你一样。当你面对你不想做的事情时，你只需要按一下想象中的那个"一按即做"按钮，然后"噔噔"，你就做到了！

执行功能发育异常、迟缓或者不足的情况，就像是在那个"一按即做"的按钮上面缠绕了一圈圈的线团。这样的人没法自控，记不住自己想做什么或者不想做什么，更记不住什么时候做或不做。这样的人没法自我约束。

如果不是真的对某件事感兴趣或者着迷（有时候感兴趣也不行），开始做一件事、保持行动力或者完成任何行动都是很难的，就像走完《绿野仙踪》的罂粟花田一样艰难。一开始你可能会很激动，好像任务很容易完成，你走进这片花田，心中动力满满。但是很快你就会无力抵抗罂粟的诱惑，不知不觉间，你就不再专注于任务本身，开始想要偷懒了。

这并不意味着你是个懒惰或者不负责任的家伙，而是因为你的大脑在没有外力介入的情况下没法长时间抵抗罂粟的诱惑。为了能够专注地完成任务，你需要理解大脑中发生了什么，有一个清晰的目标，还要有一些方法范式。如果你能学会掌握大脑的力量，激活自己的大脑，你就能完成任务了。

重塑思维：探索执行功能（激活大脑）

"执行功能"这个词家长可能听过很多次，觉得自己早就理解它的含义了。但是说实话，很多人根本就没搞明白它是什么。我就很多年来没搞明白！这就是为什么我和黛安娜2012

年写了我们的第一本电子书《大脑执行功能是什么？为什么要在意它？》(What the Heck Is Executive Function and Why Should You Care?)。

所以，让我简单解释一下。大脑有两个基本的区域控制我们的行动：原脑以及额叶。

原脑维持我们的生存。原脑会释放肾上腺素（应激激素），让我们在面对危险的时候原地不动、反抗或者逃走。前额叶迟钝的人可能会过度依赖原脑做事，比如一直等到最后一分钟，这样焦虑感会迫使原脑开始行动。

额叶是执行功能所在之处。前额叶组织行动、管理时间、思考、感知或者让我们做什么（不做什么）。前额叶能够让一个人做出决定，并且遵照决定完成任务。很多"问题孩子"的前额叶发育迟缓。

执行功能影响组织和自我管理技能，指挥我们的每一个思考、感觉和行动。如果你觉得大脑的前额叶是交响乐的指挥，那么乐团的演奏者们就是不同的执行功能。如果一个演奏者跑调了，大脑功能区就会不协调。

托马斯·布朗博士（Thomas Brown）是《注意力匮乏障碍》(Attention Deficit Disorder) 和《被困住的智慧》(Smart but Stuck) 的作者，他指出执行功能发育异常的人会有六类难以控制的行为。你的孩子可能有其中一类问题，或者六类都有。因为完成任务需要激活大脑，了解额叶异常导致的六类异常行为对于规划未来来说是十分必要的。当你搞清楚不同的问题会如何表现的时候，你就能找到提高孩子自控能力的办法。

根据谢里尔·普鲁伊特（Sheryl Pruitt）在《驯服老虎》(Taming the Tiger) 一书中的观点，执行功能异常会导致100多种儿童疾病，包括：

· 神经发育障碍，如多动症、焦虑、自闭、妥瑞氏综合征、抑郁症；

· 代谢疾病，如苯丙酮尿症（PKU）、乳糜泻、爱迪生氏病以及过敏；

· 学习障碍、双重特殊（2E）；

· 和焦虑有关的疾病，如注意力障碍、心理创伤以及创伤后应激障碍（PTSD）。

对于"问题孩子"来说，是否有必要激活大脑不必讨论，如何激活大脑才是关键。以下任意几种办法结合都能够帮助孩子提高自控能力：锻炼、食补、睡眠、医疗、冥想、培训、激励、理解执行功能障碍、有意识地锻炼前额叶等。

六类执行功能障碍表现：

　　处理能力异常（行动）——组织能力、划分优先级的能力、开始行动的能力方面的表现： 难以开始行动；拖延症；知道应该做什么但是没去做；无法划分任务优先级，也搞不清任务逻辑次序；没法管理好时间；总是拖延到最后一分钟才开始做事。对于没有经过培训的人来说，这样的表现就是懒惰。

　　注意力缺陷（专注）——专心、保持专心、注意力切换方面的表现： 很容易感到无聊；需要"真的感兴趣"才能保持专注；容易分心；无法识别应该专注的重要事项；过度专注；总是沉溺在某件事里（比如电子游戏）；没法完成一项任务。

　　精力不足、努力不够（努力）——保持警觉、持续努力、处理速度方面的表现： 如果被要求安静坐着，会很快感到无聊；没法保持警觉；需要持续的刺激和反馈（生理/心理）才能保持警觉；处理事务缓慢；花很长时间才能读写；过度活跃；无法慢下来保证工作质量；无法调整身体状态。

　　情绪管理不佳——管理失落情绪、调节其他情绪方面的表现： 总是容易陷入失落；没有耐心；无法管理情绪；过度敏感；反应不当；总是感情用事；很容易被情绪裹挟。

　　信息管理能力弱（记忆）——短期记忆、长期回顾方面的表现： 接受新信息的时候，无法记住之前的信息；无法做复杂的数学题或者进行复杂的内容写作；情绪低落的时候会丧失爱的感觉和情感的联结；健忘。

行动异常——控制、自控方面的表现：过度活跃；冲动；无法决定是否行动；做不合时宜的评价、开不恰当的玩笑；在错误的时刻和朋友、家人对抗；在课堂上打断老师或者大叫出来；很难跟进谈话；表现得"吊儿郎当"。

方法：理解激励手段，应用激励手段

表面上："孩子就是没有动力，怎么激励也不行。他们只会做自己想做的事情。"当你询问什么才能让他们有做事的动力时，他们会回答"我不知道"或者"随便什么"，令人抓狂。

事实上：孩子的大脑需要刺激才能够启动运行，而且这个刺激必须"自然而然"地发生，让他们自己去寻找想做的事情吧。激活大脑可以利用药物、锻炼或者其他外力干预机制，但是激活大脑的过程必须是有意识的、自发的。

下面是五种激活大脑的方法。教给孩子最适合 TA 的方法，不是五种方法都适合每个人。

动力 = 游戏 + 兴趣 + 新鲜感 + 竞争 + 紧迫感

游戏：人类会因为事情有意思、让人愉快、令人享受而自然而然地行动。所以游戏、创造、幽默感都是激励行动的有力途径。想让孩子做点儿什么，可以把任务变成游戏、开个玩笑，或者让孩子去创造。如果可能的话，可以融入其他激励手段，比如激发孩子的兴趣、让活动更有新鲜感，或者引入竞争机制。

兴趣："问题孩子"的大脑需要刺激，无聊就像克制超人的"氪石"一样，会让孩子失去活力，而有趣则能激活孩子的"能量场"。让任务有趣起来，才能让孩子行动起来。学生只有真的对老师或学科感兴趣的时候才会被兴趣激励，不断学习。

新鲜感："问题孩子"的大脑需要变化和创新。日常工作可能暂时有些新鲜感，但是当新鲜感消失，孩子就会感到无聊。刚开学时孩子的新鲜感最强（新的老师、同学、课程表），但是渐渐地新鲜感会消失。新鲜感意味着有趣，要在需要的时候乐于做出改变。

竞争：在其他激励手段的基础上，有竞争性的任务会激起孩子的兴趣，让孩子有紧迫感，让任务有新意，把事情变成游戏。竞争提供奖励机制，能让某些孩子发挥出他们的长处。竞争机制并不适用于每个人。患有焦虑症的孩子可能会因为竞争而更加焦虑，得不到正向激励。

快一点（紧迫感）：对等到最后一分钟才开始行动——不管是做作业还是离家上学——的人来说，紧迫感就是他们的动力。因为前额叶没有被恰当刺激，等到最后一分钟激活了大脑的另一个区域——原脑，让原脑产生可以刺激行动的化学物质。在不过度使用的前提下，赶在截止日期之前行动是一个非常棒的激活大脑的方法。

想要引导孩子理解以上五种激励机制并有效地应用它们，

你需要问一下孩子他们最喜欢的活动里什么最吸引他们。

- 一个小孩喜欢《我的世界》这款游戏，因为这是一个创造性的游戏，没有竞争机制，而且还可以和朋友一起玩。
- 一个小孩喜欢游戏（竞技类）并且痴迷于闯关策略（兴趣）。
- 一个学生有读写困难症、焦虑症、多动症，但是喜欢数学，老师为了让她完成作业，把在教室里玩数独游戏作为奖励。
- 一个学生会因为他人的喝彩、认可（游戏）而被激励，还会因为参与新的活动（新鲜感）而动力满满。他的老师会在指出他没有完成的任务之前，先认可他已经完成的部分。
- 一个学生会因为幽默（游戏）、活力提升（紧迫感）以及和父亲的亲密联结（兴趣）而得到激励，当他的父亲挠他痒痒叫他起床，或者让狗狗跳上床叫醒他时，他就会高高兴兴地起床。

你需要接受现实：你的孩子需要外界刺激才能行动起来。边打篮球边学拼写、数学，或者让孩子用不同颜色的笔练习拼写，把所有的事情都变成游戏！有时候，你甚至可以让孩子在开始做任务之前，先做点儿有意思的事情，比如让他们在收拾垃圾之前读一页漫画书。如果做点儿有意思的事能让孩子开始动起来，你会发现这个办法也能激励你行动起来。

不要小题大做（过于悲观）

在等电视节目开始的时候，你的脑海里会不会浮现下面这些问题？

"如果孩子在学校表现不好怎么办？"

"如果孩子交不到朋友怎么办？"

"如果孩子没法处理人际关系怎么办？"

"如果孩子到了 35 岁还是住在我的地下室怎么办？"

"如果孩子最后染上毒瘾或者进监狱了怎么办？"

"如果孩子孤独终老怎么办？"

"如果孩子没法保住工作怎么办？"

如果你不停地想这些问题，你一定会觉得不堪重负。"如果……怎么办"这样的问题会让我们在白天胡思乱想，在半夜惊醒。当我们看不清孩子的未来时，我们就会小题大做。我们会往最坏处想，歇斯底里，无法自拔。

但是当我们因为孩子看完电影后不会收拾吃剩下的薯条，就认为 12 岁的孩子可能 24 岁的时候还是邋里邋遢，并为此焦虑不已时，这完全是在杞人忧天。这些不必要的担忧会剥夺我

你需要接受现实：你的孩子需要外界刺激才能行动起来。

们为人父母的乐趣，让我们没法保持平稳心态，指点孩子渡过难关，还会让我们和孩子的关系变得糟糕。

我并不是说你没什么可"担忧"的；为人父母总归很伤脑筋。但是说真的，不要总是跳到结论去，多观察一会儿。孩子今天没有做好某件事情，并不意味着他们永远学不会。如果我们总是担心这担心那，往最坏的地方想，我们就没法让我们自己，甚至更重要的人——孩子——学习、成长，最终获得成就感，取得成功。

不要担心 20 年后的事情，可以看看过去 3 年发生了什么。多看看孩子的进步，孩子能调节自己的低落情绪、记住写作业、控制冲动行为了。花点时间欣赏孩子的成就，还有你们一起创造的美好记忆。不是只有里程碑式的成就才值得我们认同，微小的胜利也值得庆祝。

现在，先看看 3 年前，再看看 6 年前。孩子 27 岁的时候会是什么样子呢？孩子会因为你的帮助而保持现在的成长轨道，然后加速发展吗？想想你们这周或者今年可以取得的小进步。注意这些微小的成就，你才能看到进步，这才是和孩子一起活在当下的不二法门。

消极的思维和过度恐惧会让你从真正需要注意的事情上偏离。在第九章我们将进一步探讨发育迟缓的问题，以及如何设置合理的期待。现在，我们需要活在当下，慢慢进步，踏踏实实，从今天走进明天。注意理解孩子的大脑，搞清楚激活孩子大脑的最佳方式,慢慢理解那些需要你冷静地去关照的问题。是时候管理好你的恐惧心理了,因为恐惧心理不但对你毫无帮助,对孩子也没有好处。

掌控自己是最好的奖励

你是否尝试过减肥,但却没有在减肥过程中好好奖励过自己?这样根本没法成功,对吧?你不需要等到可以跑马拉松的时候才给自己奖励。相反,你需要因为自己这一周每天都去健身房,或者连续跑了1英里(约1.6千米)没有停下,或者拒绝了美味甜点的诱惑而奖励自己。

奖励机制(如代币奖励法或小星星奖励法)会让"问题孩子"表现更好,个中关系毋庸置疑。事实上,奖励机制也许是心理学家、医生还有其他医疗服务提供者最常提供的管理孩子行为的方法了。如果用得好,奖励机制会是最有效的工具,能够激励人们做想做的事情。但正如罗斯·格林所言:"(小星星)贴纸不能帮任何人解决问题或提高技能。"自主、自发地投入才是成功的基石。

奖励机制需要积极的氛围,奖励机制能够让我们更关注孩子表现"好"的方面,而不去注意表现不好的方面。奖励机制可以鼓励人们表现得更好:

- "问题孩子"更喜欢奖励,讨厌惩罚。这可能是因为他们总是被纠正，也更容易犯错，所以"问题孩子"如果表现得好就给他们奖励，效果会很好。

·家长和老师也更喜欢用奖励机制管理孩子，因为奖励要比对孩子大吼大叫或者惩罚孩子有趣得多。奖励也能让孩子建立自尊感。

不过虽然奖励机制很有效，实际生活中却可能不像理论上那样效果明显。实施奖励机制之后，"问题孩子"的家长和老师可能经常会感到失望，因为这并不是可以一劳永逸的魔法。他们会抱怨孩子可能达成了一个目标，但是没有养成一个习惯；一旦目标实现了，原来的坏习惯又卷土重来。这是因为奖励机制不能凭空生效，需要让孩子像我们一样明白奖励的意义。

奖励机制在以下情况下不会起作用：

孩子感到恐惧。孩子害怕失败，或者害怕成功（是的，有的人会害怕成功："如果做得很好，父母之后会对我期待更高！"），焦虑会压垮一个好苗子。

对孩子来说奖励不重要。因为没有所有权或者认同感（见第十章），孩子并不在乎奖励，他们没有把父母期待达成的目标和进步当成自己的事情。

奖励机制在以下情况下会起作用：

孩子想要做某件事，愿意为做这件事而努力。 你可以在孩子能自己系鞋带之后奖励给他 10 颗小星星，但是如果他根本就没想学会自己系鞋带，也就不会渴望你给他的奖励。

孩子想要真正长久的改变。 一个想开车的少年会比害怕开车，或者不想和朋友出去兜风的少年投入更多的时间和精力去拿驾照。

激励手段和正面反馈结合。 这会让孩子更愿意朝着目标方向努力。

奖励不需要很丰厚，甚至不一定花钱。比如，黛安娜的女儿 9 岁时，能在上学的路上选择车载广播的电台对她来说就是很好的奖励。所以给孩子设置奖励的时候让孩子参与讨论和决定是很有必要的。这不仅能让孩子认同你设定的目标，还能让孩子认同自己想要收获的奖励。

你可以让孩子做出巨大的改变，每次只改变一点，加上孩子认同的有效的奖励机制就可以。之后你可能就不再觉得自己是个坏人了，你会觉得自己是超级棒的父母。

自我对话：搞清楚你的能量来自哪里

当我还是一个新手妈妈的时候，我去参加一个宝宝派对，留下我的孩子和丈夫大卫在家。我在派对结束之后给家里打电话，结果发现我完全没必要赶回家。"去好好玩儿吧，"我丈夫跟我说，"好好放松一下。"

我不知道自己能做些什么，所以我在一个大厦的顶楼绕圈，边走边哭。我并不是很难过，我只是迷茫极了。我不知道我在闲下来的时候想做些什么。我已经不知道"好好放松"意味着什么了。

黛安娜和我开始创立 ImpactParents.com 网站的时候，我们在网站上提出这个问题："你今天需要做点什么？"很多人很少会想到这个问题，我们的注意力在身边人身上，根本没有好好关注过自己。所以，我希望帮你搞清楚"照顾好自己"意味着什么。现在好好思考一下有什么事情会让你感到快乐，不管是大事还是小事。什么能让你感觉受到滋养？什么能让你充满能量？什么能让你兴奋？也许是：

· 和伴侣、朋友出去玩；

· 加入垒球队；

· 做美甲；

· 读一本好书；

· 正念、一分钟冥想；

· 停下来深呼吸、每天动一动；

· 远足；

· 唱歌、听音乐（也许很大声）；

· 孩子的笑声；

- 遛狗；
- 泡澡；
- 落日；
- 喝一杯酒、泡一杯茶；
- 开玩笑；
- 画画；
- 玩拼图游戏；
- 看电影；
- 吃美味的黑巧克力。

这份清单上有什么并不重要，重要的是你要开始给自己列一份这样的清单。我并不是在建议你现在就腾出时间来做清单上的事情。现在，你需要再一次深入了解自己。你可以之后再将这份清单上的事付诸实践。

如果你不知道该从什么事情开始，可以思考一下你在生孩子之前最喜欢的事情是什么。有什么是你非常喜欢，但是最近几年却很难将其放在首位去做的？比如，我曾经和一位父亲共事，他意识到他喜欢去教堂，但是有了孩子之后就不经常去了。当他又开始去教堂之后，整个家庭都受益了。

对于我们很多人来说，照顾好自己并不容易。我们会有负罪感，会觉得尴尬，好像照顾自己是在浪费时间，或者觉得应该把每一份精力都用在孩子身上。因为孩子总是惹事，总是

<u>我们可以为他人付出，但不能完全不管自己。</u>

很需要我们，我们很容易忽略自己，很多人都是如此。

我们可以为他人付出，但不能完全不管自己。一旦你清楚地知道自己需要什么，随着时间的流逝，把你的需求纳入你的生活会越来越容易，我们可以先从小事开始。先弄清楚你需要什么，再允许自己照顾自己，最终你会自然而然地在生活中留出自己的时间。过一段时间你会发现照顾好自己会让全家受益。

当你问自己今天想做什么或者需要什么的时候，我希望你能回答出来。从回答这个简单的问题开始吧：什么可以滋养你？

自我提问

- 为什么孩子没有"一按即做"按钮？
- 你的孩子最严重的问题是什么？
- 在你家里，什么激励手段最有效？
- 你有哪些糟糕的想法？
- 自主性和奖励机制之间的关系是什么？
- 做什么可以滋养你的心田、身体和灵魂？

塔米的故事

塔米这几周过得很不好,她女儿的焦虑症越来越严重了。之前,塔米的女儿接受了多动症治疗,前路看起来十分坎坷。塔米谈及对孩子未来的担忧,强忍住了哭泣,她不想吓到女儿,所以控制住了自己的恐惧。"我从来没有榜样,不知道怎样做好父母。"塔米说,"如果我没遇到你,我真的不知道我该说什么、怎么说。我不想让我的女儿长大后像我一样。我不想让女儿觉得自己不够好。但是我也不想溺爱她。我希望女儿知道她是个好孩子,她可以很强大,我希望她不要放弃,我也希望我永不放弃。但是这真的太难了,比我想的难太多。"

重点:我从来没有榜样,不知道怎样做好父母。这真的太难了,比我想的难太多。我要怎么做才能帮到她,同时还不会过于溺爱她?

第八章
CHAPTER 8

"所有人都时刻紧绷着"
"Everyone's So Tense All the Time"

你说什么不重要,重要的是你怎么说
It's Not What You Say, It's How You Say It

> 当你的眼中没有责备、只有同情时,你会看到不一样的风景,你说出的话语也会变得不一样。他人会感受到你对他的理解和关心,这足以让他们倍感欣慰了。
>
> ——一行禅师

混乱与失望

我最好的朋友曾经是我的邻居,我们两家一共6个孩子,每天在两个房子里自由自在地进进出出。我家就像有一个大旋涡一样,孩子们的精力旺盛到不可思议,好像家里的每一个角落都能让我们兴致勃勃。我的朋友是个正常人,他的家里很安静,孩子们的精力也没那么旺盛,一切都井井有条,纤尘不染。最近他向我坦白他会限制自己待在我家的时间。他很喜欢我们,但是我家太吵了,他需要退回安静的地方重新组织生活。

事情就是这样，我们家有很多"问题孩子"，我们有过欢乐的时光，我们就是为这些欢乐时光而活的。但是有不好的事情发生时，我们很难保持幽默渡过难关。我们会因为家里的混乱而疲惫不堪、满心失望，有时也会心怀负罪感和羞耻感。我们家的确可以说是"疯子"的天堂。

每个人生活中都可能出现波折。开始上学或者毕业、换工作，甚至找了新保姆都可能会在过渡时期有比较困难的问题出现。但我们家连最基本的日常生活都总是失控，那可不是人们会想在社交媒体上晒出的日常生活。

很多人都经历过下述情景。我们：

· 双手抱住头坐着，内心无助，因为我们爱的人正在另一个房间发脾气。

· 眼睁睁看着孩子因为"应该"10分钟搞定的作业折磨自己几个小时。

· 发泄怒火，意识到自己说了会让自己深深后悔的话。

· 在脑海里构想了一千件想说的事情，但最终还是保持沉默，日日如此。

· 感觉如履薄冰，非常害怕自己会触到家人的逆鳞，导致他人脾气爆发。

· 只能任由孩子尖叫撒泼，内心无助，完全无力安抚孩子，也没法让孩子冷静。

> **养育"问题孩子",会让我们觉得自己的生活一片混乱。**

· 无助地任由孩子撞墙、拳打脚踢、搞破坏,自己却不知所措。

· 目睹孩子自我伤害,自我放弃。

在"问题家庭"中,最简单的日常过渡都隐藏着不确定性,可能会触发混乱。"问题孩子"的特质就是不擅长处理过渡场景,他们也很难用开放的心态拥抱变化,因为他们的过渡系统随时会崩溃。

因此,我们感到失望,内心充满憎恨,就像我们没养好孩子、没当好父母、没教育好他们,甚至连自己的生活都过不好一样。我们下班后不想回家,也不想带着家人出去玩或者参加学校活动,因为光是想到"一家人一起"就让我们想逃跑了。我们拒绝承认我们不喜欢孩子,于是我们开始讨厌自己。

过渡期出问题在教育孩子时很常见,混乱无序(通常而言)也是家庭生活的基调。但是养育"问题孩子",会让我们觉得自己的生活一片混乱。生活中唯一不变的就是变化本身,而变化可能意味着奇妙的冒险,也可能预示着不祥与威胁。未来的不确定性是我们这个世界的基本特征,无知能让我们欣然接受混乱——理解、预测甚至尊重它,与它和谐相处。

重塑思维：让家里氛围积极起来

我让一组三年级的女孩儿轮流站在房间前面问出同一个问题："请问你能把书包从桌子上拿下去吗？"在每个人开始前，我都会要求她们在话语中表达一种情绪：善意、愤怒、不耐、甜蜜、厌烦、饥饿、拥护、关爱、憎恨或者嘲讽。女孩们喜欢这个游戏，发出阵阵笑声。在房间后面的母亲们从女儿的声音中听出了母亲们自己。她们有时候并不喜欢她们听到的东西。

你是否暗地里觉得自己的孩子是个笨蛋？

沟通是有语境的，语境隐藏在语言、语调、表达方式和姿态中。我们在话语中隐藏的态度可能是赞许的：

· 说"可以，并且……"，不说"但是"可以消除对抗心理。
· 说"是否能"，不说"你应该"可以提供真正的选择权和控制权。
· 说"你觉得……"，不说"为什么你不能……"可以增强主动性和独立性。

有时候我们可能会无意搞砸和他人的沟通。我们觉得我们掩盖了内心的沮丧、失望、恐惧、指责、羞辱或者责备，但其实孩子能够从我们的口吻中听出真相，我们的语言和语气表达的不是同一个意思：

- "你刚才在想什么啊？"（"你真是个蠢货。"）
- "到底发生了什么？"（"你总是搞砸一切。"）
- "这都第几次了？"（"你一点儿都不尊重别人。"）
- "你确定？"（"我不信任你。"）
- "你做好我让你做的事了吗？"（"你个懒鬼。"）
- "你为什么就是做不好？"（"你注定失败。"）

这是一件很奇怪的事情，当那些我们不了解的人向我们提出要求时，我们会用很礼貌的语气（会说"好的，女士"）回复，我们对陌生人说话的时候也会很体贴（"请继续"），但是对于我们爱的人，我们就会变得很刻薄，甚至没意识到自己的刻薄。你心中的沮丧或讨厌会在你的语气中微妙地浮现出来。

为了转变思维，提高沟通技巧，你可以试着：

1. 想象你最害怕、最担心会在孩子身上发生的事情。大声说出来，试着辨别你在声音中不经意表达出的语气。
2. 问问你的伴侣或者你最好的朋友，他们从你的语气中听出了什么，整理出 1 到 3 条你可能传递出来的信息。
3. 弄清楚除了你害怕发生的事情之外，你的语气中还透露出了什么。转换思维很有用。

转变思维、转变语气

无论你把这个过程叫作什么——"寻找新希望"或者"找回控制感"——总之这是一种积极的思维方式,能够让你在家里营造积极的氛围,让家庭生活更愉快。

消极情绪非常有害,而且会蔓延。积极情绪能够改善困境。转换思维视角(改变说话的口吻、语气),从消极对抗到积极合作,就会有好的事情发生。

积极的氛围并不仅仅意味着表达善意。营造积极的氛围意味着把局面扭转为对未来有利的情势。《安妮日记》的主人公并不是因为写日记才伟大,而是因为即使在面临人类历史上最臭名昭著的暴行的时候,她也能够保持积极的态度,而这种态度让她的故事有深远的影响力和持久的生命力。

诸如作业没交、家务没做、晚饭的时候本来应该坐着但却站起来了等事情的细节,应该排在帮孩子建立自信、和孩子建立联结以及让孩子感到被爱之后。在这些事情中加入一些能够让孩子看到自己的优点、感觉到父母对他们的支持的东西吧。

说实话,当你看着邋里邋遢的孩子戴着耳机,在桌子上敲来打去的时候,你可能会边觉得这个孩子真是个"不知感恩的讨厌鬼",边对孩子说"把黄油递给我"。孩子和你都是普通人,都会沮丧、失落。你要控制好语气,直到你能够重塑思维,让自己的想法对每个人来说都更有建设性。

对孩子好的事情其实对我们也有好处(对我们与孩子的

关系同样有好处）。为了在家里营造积极的氛围，不让我们像生活在流沙里一样危机四伏，我们需要专注于自身，专注于孩子，专注于彼此之间的关系。让孩子知道即使事情的发展并不尽如人意，你也永远是他的后盾。用更积极的态度进行亲子沟通，随着沟通程度的加深，时间一长，就能在整个家里营造出积极的氛围，而积极的氛围是成功的基石，能让人受益终生——你的孩子一生都会受益。

方法：发挥孩子的优长

我的长子三年级时因为一次课后的莎士比亚戏剧活动爱上了表演，我从没见过他如此积极的样子，不论我们尝试过多少心理治疗、看过多少医生、吃了多少药物，都没有这样的效果。那次表演大获成功，表演课从此成了他日程表上的常规项目。我开玩笑说表演课可比心理治疗便宜多了。但是说实话，看到孩子因此点亮了人生，我觉得这比什么都重要。我从未预料到这个转折，发挥孩子的优长就这样改变了他的一生。

这同样适用于成年人。当我学会这句多动症训练法则的时候，我的人生都改变了：要发挥自身优势，把你不擅长的部分外包出去。我开始发挥我的优势，雇用一个记账员来处理那些让我如陷泥潭的日常事务。我找到黛安娜·登普斯特做我的合作伙伴，我们两人优势互补。我学会了寻求帮助，不再试图身兼数职。发挥我的优势解放了我，让我在个人生活和职业生涯中都取得了成功。

在"问题孩子"的世界里，发挥并合理利用自身优势是最基本的策略，其重要性不能被低估。以下内容是一些访谈片段，是2019年世界多动症大会（见第三章）上斯蒂芬·欣肖博士的采访，访谈提及的内容适用于所有儿童。

"你的孩子可能不是传统意义上好好学习的乖孩子。你的孩子可能也不是很有条理性，不会用订书机，不好好收拾书包……但是你的孩子比其他孩子更有创造力，也许你自己也有这些特质。对此感到庆幸吧！"

"……如果想跨越孩子成长的必经阶段，如果只能做一件事，几代人的经验表明，你唯一能做的就是找到孩子热爱且擅长的事情，抓住每一个机会让孩子去尝试，去表达。这是一次思维实验，我们生活在充满压力的社会，孩子需要接受治疗，家长也需要心理治疗。但是发挥自身优势很重要，能够让人更有韧劲儿。"

"也许你的孩子在学校没有取得好成绩，但是他们却有音乐、艺术或者体育方面的天赋。或许你的孩子可能不太擅长社交，社交对他们来说压力太大，但是你可以让孩子独立完成任务、在网上社交，这样就能让孩子和他人建立人际关系，又不会因为一直待在集体中而备感压力。孩子的家人需要搞清楚孩子擅长什么，然后给孩子创造机会发挥他们的优势，不要总是关注负面的东西。如果我只能给你们一条建议，那就是发挥孩子的优势。"欣肖博士继续说道,"集邮、玩虫子或者小众运动、音乐……你要帮助孩子找到他们真的喜欢也非常擅长的领域,让孩子焕发活力。"

"因为长期来看,建立自尊、自信都需要实际行动……自尊、自信在我看来是我们前行的动力。找到你真正擅长、喜欢的事情,如果你能做到这些事,那么其他事也就不算阻碍了。"

你的孩子可能面临一些问题。不要让孩子被这些问题困住,让孩子用优势和天赋定义自己。找到孩子热爱的事情,任由孩子在其中遨游。如果孩子喜欢美术,就不要为了多上数学课而不让孩子上美术课。让孩子去做那些会让他们有成就感、感觉很棒的事情,这些事情是孩子未来成功的源头。不要让孩子对天赋一无所知,你的孩子很可能和你一样沮丧,所以提醒他们他们也有各种优长,能够让你们两个都振奋起来。

不要过度追求完美

很长一段时间里,我都竭力避免犯错。我尽力去做那些我能做好的事情,避开所有我做不好的事情。这样的举动让我的选择越来越少。我对失败有一种病态的恐惧,这种恐惧阻碍了我挑战自我。

之后,我有了一个在生活和学习上都问题很大的孩子。孩子的成长道路偏离了轨道,也因此,孩子成了我最好的老师(尽管最开始我很抗拒)。

很多年来,我把孩子的与众不同之处视为异常,想要解决他们的"问题",不停地花钱去看心理医生、接受治疗,竭尽所能保证我聪明的孩子能取得成功。我执意让孩子的人生回归"正轨",而"正轨"渐渐被我扭曲为"完美",这是愚蠢的。

在孩子刚上小学的那些年里,我开始学习相关课程,尽力成为对他们来说最好的父母,我需要扔掉大家对成功的定义,停止对孩子的逼迫、催促和吼叫,不再逼孩子达到我定义的成功。我花了很多年才接受自己的"失败"——我没法培养出一个"完美"的孩子。孩子12岁的时候,我成了心理修复领域的专家,当时我的课程并不复杂。每一天,我都努力从失败中学习(当然也从成功中学习)。

认清孩子的问题,接受问题所在和孩子本来的样子,不再纠结于孩子"应该"是什么样子,我们需要抛弃我们那过时的完美主义,完美主义只会让我们觉得自己非常不堪,毫无价值。当孩子把完美当作唯一可以接受的标准时,他们会有两种反应:

· 焦虑。焦虑驱动孩子的每一次行动和决定,让孩子没法对自己的成功感到一丝满意。

· 觉得什么都不够好,最终孩子会自暴自弃,放弃尝试。我的行为曾使得孩子说出"你不知道吗,妈妈?如果我不做任何事，那我就不会做错任何事"这样的话，这让我心痛不已。

追求完美可能会让我们寻求自我提升，成就事业，这没有错。但你读这本书是为了改善和孩子之间的关系，对吧？关键在于不要把追求完美变成专制，而要让生活变得更好。要看到孩子的进步，不要过度追求完美。

黛安娜曾教会我一个方法，彻底抛弃完美主义：G.E.M.O 法则（Good Enough Move On）——"差不多就继续"。我们在公司管理上一直运用 G.E.M.O 法则。做项目或者辅导孩子学习的时候，如果事情进展不错，就可以继续推进了。也许你没必要重新叠衣服、把碗碟放进洗碗机，或者改正拼写错误。实际上你做得已经很不错了。

如果你执着于追求完美，有什么能让你把注意力放在孩子的进步上呢？我并不是让你放弃追求成功，只是希望你注意到你的价值观是否已经干扰了你和孩子的关系，让你睡不好觉，没法冷静下来，也感觉不到幸福了。优秀和完美主义之间有区别，我们很多人都分不清楚这一点。我希望大家能够有意识地区分优秀和完美，注意完美何时成了阻碍，何时又成为动力。

完美主义对我们和孩子都有害。控制好我们过度追求完美的思维可以给孩子做好榜样，让孩子接受现实，用更实际的办法取得成功。在每天结束的时候，得到一个 90 分也是很优秀的。问问自己——是不是已经不错了？

全然接受

很多年以前，香农·凯利（Shannon Kelly）是我在大游戏培训工坊[里克·塔姆琳（Rick Tamlyn）创立]的辅导老师。我当时正在明确我的使命：建立一个全球资源库，帮助所有养育"问题孩子"的家长。我仍记得我在回答香农的问题时声音中的哽咽，她问我的目标是什么，我说："……让任何一个孩子都不再经历我所经历的事情。"

我钉在办公室墙上的三张纸一直伴随着我，上面的字提醒我作为"问题孩子"他们过得有多难，如果家长接受培训会有多么大的好处。前两条引言是我在刚开始培训的时候记下来的，当时我的孩子快要进入青春期，我学会了倾听孩子的心声，孩子也开始分享自己曾经的感受。孩子的话让我震撼、难过、心碎。他说：

"我真的不是故意这样不正常的。"

"妈妈对我吼，但是吼完的那一刻我就不记仇了。"

第三条引言写在一张可爱的便笺上，是我的孩子几年后手写下来的，当时我正在学着接受现实，孩子的话让我燃起了希望：

"如果生活踢了你一脚，那就借力向前吧。不要害怕犯错，骄傲一点，做自己。"

当我们被激怒或者筋疲力尽的时候，在漫长的一天结束或者过分漫长的一周开始的时候，我们有太多的承诺要在太少的时间内完成，我们很难记得自己的孩子也在痛苦。我们只想让孩子表现得好，听从命令，达到要求，这样我们也能达成对自己的要求。我们很容易就忘记了，那些我们觉得轻而易举可以克服的障碍，对于孩子来说可能是无法逾越的高山。"问题孩子"真的很痛苦。

我的客户向我倾诉，他们会为自己对孩子说出的话感到后悔。他们很担心孩子的自尊心，担心孩子过于冷淡、懒惰的性情。他们想要教育、指导、塑造孩子，让孩子为未来要面对的那个广大、恶劣的世界做好准备。家长觉得必须让孩子学会对自己负责，觉得他们对孩子的惩罚很公平，得到的结果也很合适——家长希望自己在别人眼中是严肃、负责、能够控制全局的父母。

家长威胁孩子、口头警告孩子、取消孩子的特权。我们不断地剥夺孩子拥有的东西，直到没什么可以用来胁迫他们。我们总是忘记，孩子并不是故意不听命令、本性粗鲁、行为乖张、不尊重他人，孩子只是大脑发育异常，让他们没有动力和条理，也没有自我约束的能力。孩子自己也觉得这样很难为情（"很坏很糟糕"）。其实我们根本不必指责他们，更不必让他们觉得自己很坏。

<u>和孩子建立强有力的纽带是帮助孩子改善的关键方法。</u>

你的孩子想要的是关注、倾听和理解。他们希望自己的态度和经历能够被重视，希望你是支持他的。这才是成功引导孩子走向独立的不二法门。

羞辱和责备不能让孩子表现得更好，只会损害你们之间的关系，让孩子越发不信任你，感觉自己面目可憎，更加难以做好事情。如果孩子觉得你并不真正理解他们的感受，那他们为什么要耗费精力去尝试呢？

我并不是说你唯一要做的就是爱孩子，和孩子建立亲密关系，只是和孩子建立强有力的纽带是帮助孩子改善的关键方法。"全然接受"能让你和孩子感同身受，让孩子看到自身的可能性，不再觉得自己是"不完美的瑕疵品"。

自我对话：犯错也无妨（摆脱自我欺骗）

萨拉·布莱克利（Sarah Blakely）是Spanx品牌的创始人，她将自己的成功归因于父亲"庆祝失利"的习惯。虽然萨拉没有创业经验，但是她从来没有想过自己会失败。同样，如果没有错误和意外，我们也不会有薯条、机灵鬼弹簧玩具、思高洁防污保护剂、起搏器、烟花、便利贴或者巧克力豆曲奇。亚历山大·弗莱明（Alexander Fleming）去度假之前，没有洗培养皿，也没关实验室的窗户，回来的时候发现一堆苔状物——盘尼西林的发明改变了医学史。

失败是成功的重要组成部分，然而当我们或者孩子犯错的时候我们却总是惊恐不已。如果孩子觉得自己总是做错事，他们的自尊感就会逐渐降低甚至被掩盖，孩子会停止尝试和创造，也不再想改正。培训的时候我和黛安娜总是听到这样的说法：

- "我儿子说自己做完作业了，但他其实没做。"
- "他对我撒谎。"
- "她看着我的眼睛面不改色地撒谎。"
- "我发现孩子又撒谎了。"

孩子会撒谎，一向如此。甚至很真诚、很守规矩的孩子也会撒谎，"问题孩子"更甚——这并不是因为他们不够诚实，而是因为自我保护机制让他们否认事实，保护自己，这样孩子就不会觉得自己总是做错事了。我把这个现象称为"防御性谎言"。家长其实对此负有一定的责任：

- 我们总是纠正孩子的错误，从随口教育到长篇大论的批评，让所有人都筋疲力尽。
- 孩子只能理解字面意思，他们不知道什么时候谎言是可以接受的。我们跟孩子说"快说你很抱歉"，但其实他们并没有做错什么，或者我们让孩子说"妈妈不在家"来回避不想接的电话。那孩子为什么不能说作业做完了来逃避做作业呢？

· 我们总要在孩子撒谎的时候抓现行，以为这是为他们好。

其实你可以给孩子创造一个环境，在这个环境里犯错是可以接受的，"问题孩子"在生理、心理上过分活跃、冲动，或者有其他问题都很正常。在纠正孩子的时候，不要让孩子觉得被羞辱、被责备、被讨厌或者难堪，尽量只陈述犯错的事实。给孩子正面的反馈（"哎呀，我弄坏了厨房的水龙头"），告诉孩子，我们可以从错误中汲取经验教训（"下次我会好好阅读使用说明的"），从每个人的肩上卸下"必须做正确的事"的压力。

要达到"犯错也无妨"的目标，我们需要：

· 减少纠正孩子的次数，如果一件事真的很重要，我们再去纠正。

· 就算是纠正错误，也要幽默一点。

· 和孩子拥有一些"不用纠正"时间（不用告诉孩子；在这期间只要不是危险的行为，就不用纠正）。

· 笑着面对生活中那些愚蠢的错误。

· 保持开放的心态，欢迎有意义的批评和建议。

· 犯错的话，只陈述事实就行。

· 带着钻研的态度，搞清楚什么方法有效，什么方法无效。

- 描述错误（但不要把一切都归咎于自己）。

我的孩子短期记忆很不好，我跟他说："你觉得自己能记住，太可爱了。"之后我又说，"你有什么办法可以让自己记住吗？"孩子很可能会顽皮地说："我不明白你的意思，妈妈，我当然没有把脏碗碟留在家庭间里，你是指我需要记住什么呢？"其实他很晚才把碗碟送到厨房。当然，我可以因为他没有及时收拾而对他大吼大叫，我也可以很幽默地感谢他终究没忘了送碗碟，让家里的氛围积极一点儿，家人之间的感情更紧密。

我们总会犯错——在家里犯的错比在外面多得多——我们对待错误的态度很重要。也许你不需要像弗莱明爵士那样把错误变成发明，但是你可以不那么纠结于错误，去掉错误的污名。就像我的长子经常说的那样，我们是完美的不完美生物。

自我提问

- 你对什么感到失望？
- 你如何在家中营造积极的氛围？
- 你孩子的优点和长处是什么？
- 完美主义是怎样控制你的？

- 在什么情况下,你会对孩子抱以同情?
- 你如何应对错误?

伊莱贾的故事

伊莱贾说:"我的妻子有一份很成功的工作。我是家里照顾小孩的人,有一份兼职工作。我觉得这样很好,孩子们和我很亲密,但是当妻子在家的时候,家里总是不太平。我希望她可以多花点时间和家人相处,也希望孩子们喜欢和妈妈在一起。但是我的妻子并不理解孩子们的问题,她也没有耐心,不愿意变通。即便孩子们已经竭尽全力,只需要一点点外力支持就能成功,她也觉得他们不够努力,我太溺爱他们了。我不知道怎样才能让她明白,有很多东西比得高分或者听话重要得多。当然,我的孩子们都很棒——我希望可以帮妻子放松下来,享受家庭时光,不要在家里制造这么多摩擦。"

重点:孩子在和父母其中一方在一起的时候表现很好,但是当父母双方都在场的时候就很焦虑。不切实际的期待让某方父母没有办法享受美好的亲子关系。

第九章
CHAPTER 9

"我不知道什么才切合实际"
"I Don't Know What's Realistic"

设置合理的目标，预设合理的结果
Set Appropriate Expectations and Consequences

> 客观地认识问题，承认问题，接受问题，并不等于向困难屈服。
>
> ——一行禅师

不切实际的期待与发育迟滞

> 抱有过高期待是一个陷阱，当期待无法达成时，就会反噬自身，让你的幻想破灭。最好能抱着实事求是和谦逊的态度去解决复杂而庞大的问题。
>
> ——保罗·比安基（Paul Bianchi），派迪亚中学校长

想象一下，你的孩子摔伤了手腕，从手到胳膊肘都打上了石膏，此时课堂上正在教草书。孩子在课堂上看了如何写草

书,甚至用非惯用手试着写草书,但是孩子其实没有机会真正地学习草书书写。下一学年,孩子手臂上的石膏拆了,老师认为孩子"应该"已经会写草书了(但孩子只是理论上会了,实际上不会)。

这一场景会在"问题孩子"身上反复上演,"问题孩子"在行为、社会关系甚至情感发育上都不成熟,尽管他们潜在的认知水平足够了。"问题孩子"的执行功能障碍使其发育水平迟滞了至少30%,虽然不是所有"问题孩子"都这样,但是通常"问题孩子"在某些领域都比同龄人发育迟缓3到5年。

这样的矛盾让家长非常困惑。"问题孩子"能够做到:

· 娴熟对话,话语甚至很有说服力,但他们却没法学会打扫房间、扔垃圾或者及时上交作业。

· 有很多朋友,但是和亲人在一起时就控制不住怒气,无法调节低落情绪。

· 在学校表现很好,但人际关系糟糕。

· 人际关系很好,但生活却没有条理,学习成绩不佳。

· 这一周表现不错,但是下一周就不行了,情绪很不稳定,没有明显的原因。

虽然我们理智上能够理解"问题孩子",但是我们却把他们的表现和神经发育正常的同龄人做对比,这是很不公平的。

"问题孩子"的表现没有同龄人那么好,我们会很失望,会说:"但是他都已经8岁了,他应该知道……"或者:"她已经12岁了,难道她就不能……吗?"

·我们纠结于孩子"应该"怎样、孩子"应该"表现如何,或者他们在外人看来"应该"是什么样子。我们希望孩子的表现能像哥哥、姐姐或者朋友的孩子一样好。

·我们不想"降低要求"或者"降低标准"。孩子有非常卓越的天赋。我们的期望很高,这样孩子就不会浪费他们的天赋。

·我们需要孩子表现好,让我们保持冷静,感觉一切尽在掌握,就像哈尔·朗克尔(Hal Runkel)在《零吼叫养出好孩子》(*ScreamFree Parenting*)中描述的那样。孩子不高兴的时候,我们想让孩子表现得高兴;孩子在学校落后的时候,我们想让孩子赶上;孩子情绪过于敏感的时候,我们想让孩子坚强。

作为父母,我们本就应该帮助孩子发挥他们的潜能,所以我并不是让你对孩子不抱期待,或者降低对孩子的期待。"为人父母,肯定会有期待。你得对孩子有期待,这样你才会给孩子传授你的经验、智慧和价值观。"这是罗斯·格林在2019年世界多动症大会上的发言。不考虑孩子发育迟滞的问题,"强迫孩子达成你明知他在这个年龄段做不到的事情",最后的结果会很糟糕。

重塑思维：切合实际，稍微拔高

我一个客户的孩子，刚进入青春期，非常聪明，但是却有两门功课成绩不及格，其他课成绩都是 B 和 C，只有历史课得了 A。这是个典型案例。他喜欢历史老师，但是不喜欢其他课程。如果他不赶紧补考及格，就得在暑假补课了。他在智力上完全可以每门都拿到 A，但却找不到学习的动力，所以他只是努力不挂科而已。

如果他妈妈就这样不管了，他就只能假期去补课了。然而他妈妈并没有这么做，相反，她给孩子设置了合理的目标。她没有表露出自己的失望，也没有跟孩子说需要表现得好一点，这一点孩子已经很清楚了。她只是问孩子暑假想做什么、要及格需要做点儿什么，以及他是否想要及格。母子两人制订了一个计划，包括后续跟进计划和责任分配计划，目标是让孩子赢回暑假。

一开始，妈妈很抓狂，但是她没有在和儿子的谈话中表露自己的担忧情绪，而是帮助儿子想清楚要提高这两门课的成绩需要做些什么。妈妈保持冷静，集中解决儿子当前的问题，控制住了自己的负面情绪（见第七章）。她的冷静帮孩子提高了成绩，避免了假期补课。

实际上,这完全是"第二十二条军规"[1]一样的思维。孩子的问题肉眼不可见,所以我们总是一厢情愿地对孩子抱有期待,但是当我们要求太高,希望孩子表现良好,像别的孩子那样度过成长节点,而孩子又没有准备好时,那就像口头命令他们长高一点儿一样不切实际。

"问题孩子"需要:

· 相信自己可以;

· 被允许多花点儿时间达到要求;

· 攻克难关,不带尴尬和羞耻感;

· 外力支持,理解孩子。

实事求是地建立期待,需要从事实出发,让孩子向前迈出下一步。训练营里的一位妈妈说过:"(我必须)时刻注意自己的行为,确保我对孩子的期待是符合实际情况的。"

你能给自己和"问题孩子"的最好的礼物就是承认并接受孩子面临的问题,在此基础上鼓励孩子进步。

---

[1]《第二十二条军规》(*Catch-22*)是美国作家约瑟夫·海勒(Joseph Heller)的代表作。该作品是一部长篇小说,出版于1961年。书中为了不让士兵离开部队,第二十二条军规设置得十分荒唐,要离开的士兵必须是疯子,但是疯子不能证明自己是疯子,所以拿出证明也没用。"第二十二条军规"就是一个无解的循环。——译者注

> 保持积极心态并不够,"问题孩子"需要我们转变期待,这是孩子成功的基础。

你不能让一个近视的孩子坐在教室最后面,眯着眼睛看黑板。你不能因为孩子的朋友能看清黑板,就认为你的孩子也能看清,然后让孩子努力一点儿。相反,你需要针对孩子的近视做点儿什么,这样孩子才能看清楚。鼓励孩子用你给的方法而不用觉得尴尬。也许你应该让孩子坐到前排,这样孩子就能看清楚黑板了,或者让孩子戴眼镜。如果孩子不愿意,你需要鼓励孩子,让孩子明白戴眼镜的好处。

我开的进修班里有一位专业培训师,是一位四年级的老师,她在课堂上应用了我们的训练方法。她注意到现有的标准对班上的一个孩子而言太高了,所以她降低了标准,孩子的表现开始转好。目标太高时,孩子甚至都不愿意去尝试了。

抱以合理期待——老师、家长甚至学生自己都应如此——转变思维定式。我们需要的是渐进的成长。要进步,不要完美。让自己的目标可控、符合实际。最重要的是,让孩子知道他们目前的水平,告诉他们现在已经很好了,这样才能让孩子有动力。

我之前经常对我的孩子说:"耐心,我的小宝贝。你会长成了不起的大人的,我们会让你成功的。"

方法：3 到 5 年的发育迟滞需要我们转变期待

我的长子 17 岁的时候偷听到我和邻居在厨房里的谈话，我在给邻居讲"问题孩子"的发育可能迟缓 3 到 5 年这件事。孩子走进厨房，说："等一下，妈妈，你的意思是我现在还不是一个成熟的 17 岁孩子吗？我实际上只有 12 岁？"我笑了，说："某种程度上，是这样的。"孩子说："哇！我懂了。"他的确是这样的。

实际上，这个解释也让孩子松了一口气。孩子在某些领域非常成熟，在某些领域却极度不成熟，这让他们很困惑。转变期待能让他们的道路更平顺，让他们继续进步，减少羞耻感，因为自己逐渐接近目标而感到自信。

尽管保持积极的心态在我学过的所有的抚养方法中都很重要，本书的核心也是如此，但我还是想澄清一下：保持积极的心态并不够，"问题孩子"需要我们转变期待，这是孩子成功的基础。

发育迟缓 3 到 5 年

如果你因为孩子的表现灰心丧气，觉得孩子没有达到你的期待，或者你发现自己总是在想"为什么孩子就不能……"，那么你就需要修正你的期待了。

1. 询问自己："在这种情况下我究竟抱有什么期待？"仔

细想清楚，想具体。

2. 从孩子的实际年龄中减掉 3 到 5 年（如果是在大清早或者晚上 5 点后，就再多减掉 2 岁）。询问自己："在这个任务中，孩子的表现像是几岁？"一个 9 岁的孩子，表现得像 10 岁还是 6 岁？

3. 询问自己："如果孩子年纪比现在小 3 到 5 岁，他能独立完成这个任务吗？"怎么定个实际一点的目标？

如果一个七年级小孩的发育水平还停在四年级，你会怎么想？你还会因为孩子没有达到你的期待而震惊吗？如果仔细观察，你会发现发育迟缓 3 到 5 年的孩子有这么几个表现：

孩子不能独立完成任务。紧张吃力的时候，孩子需要更多的帮助和支持。比如，一个短期记忆很差的孩子，通常需要额外的办法来辅助记忆。

孩子搞不清楚到底要做什么。学习一项技能的时候，孩子可能还没有做好学习的准备。就像那个摔伤了胳膊的孩子其实从来没学过写草书一样，需要再教他们一次，这时他们才算是准备好了。

孩子有时候能做到，但不是一直都能做到。"问题孩子"本身就容易心思不定，所以他们表现不稳定也是很正常的。比如，要想让孩子集中注意力，需要很多执行功能协作，而执行

16 岁时的自然后果

这个故事表明让孩子走向独立需要时间（见第四章）。"我知道了，妈妈。"他边说边为夏令营打包行李，同时表示不需要我帮他管理时间或者做好安排。他自己打包了行李。第一天晚上，他发来这样的信息：

"我忘记带床单和枕头了。"

"吊儿郎当。"（我坦白，私下里我笑得很大声）

"我猜你需要我给你寄点东西。"（让他向我们求助）

"是的。床单和枕头，拜托。"（不回复他，让他难受一会儿）

几个小时后，他发来短信："再寄条毛巾。"空了一下，又说，"我的水壶也漏了。"

我丈夫回复说："我猜我们需要寄给你一个水壶？"（又一次，让他向我们求助）

"是的，拜托。谢谢。"过了一会儿，"我借了床单，用毛衣做枕头，但我还是没有毛巾。"（顺其自然+心怀感激地寻求帮助）

第二天早上我发消息："我们会尽力，但是可能需要几天才能到。你需要毯子吗？"

"是的，我需要。但是不急需，如果有的话就更好了。"

我的丈夫又发消息："23 美元的邮费包裹周四才到，185 美元的邮费可以周一到。你想付 185 美元的吗？"

"不需要，谢谢。"

11 个小时以后，包裹在路上了，孩子发了最后一条消息：

> "如果我要一个洗衣篮，是不是有点儿晚了？"
>
> "包裹已经寄出了，晚安儿子。"
>
> 自然结果让我的儿子从错误中汲取教训，这是无论我们如何说教也做不到的，我们像一个团队一样合作。寄包裹花了他 23 美元，他多次寻求帮助，同时也学会了珍惜我们的付出和他的枕头。孩子没有责备我们，而是心怀感激。我从来不会说"我早就告诉你了"。最难的就是不要嘲笑孩子。
>
> 两年后我们收获了满意的结果，那时儿子还是拖延到最后才打包上大学的行李。"我搞定了，妈妈。"这次儿子非常有信心，他确定自己已经安排好了一切，而且声称自己是全家最会打包的人。我们为此开了一周的玩笑，我选了一个恰当的时机给儿子读了两年前的短信。儿子和朋友说："我妈逮住我的糗事了，她还留着证据。"床单、毛巾还有毯子编织成了一段有趣的时光。

功能会被很多因素影响，比如是否有充足的睡眠、足够多的社会关系，或者孩子是否对这一学科感兴趣等。

在不同领域孩子的表现不同。 一个 12 岁喜欢足球的孩子，可能在足球领域做得不错，但是可能没法在学校的其他领域发挥天分。

孩子在一个领域取得进步的时候，可能会在另一个领域变糟。 当孩子参加新活动、扮演新角色（比如成了学校合唱团或者俱乐部的领队)、找到工作(课外兼职)时,可能会有巨大的成长。但是同时孩子的课业可能会变得很糟。情况变化的时候,最独立的孩子也需要外力的帮助,比如在考试阶段。

有一位教师在参加了我的教师培训项目之后,开始应用这个方法,她发现班级里有了非常显著的变化。一开始她很抗拒,不想把上了幼儿园大班的孩子看作 3 岁的婴幼儿。但是当她转变期待之后,她却发现自己可以成功地整合这个由五六岁小孩儿组成的班级。

我们最近在本地社区做的一次针对教师和家长的专业培训非常成功,凯蒂总结得最好:"明白孩子其实有 3 到 5 年的发育迟缓之后,一切都改变了。"

不要把惩罚伪装成后果

"你接下来会被禁足一整年!"

我们都想过惩罚孩子,有时候还说出口过,但大多数人都会后悔。

如果你处理事情的结果看起来好像是在惩罚自己,而不是惩罚孩子,或者你威胁孩子的惩罚根本做不到,你绝对不是个例。有时候我们太失落了,一句惩罚性的威胁脱口而出,根本收不回来。这不仅会让孩子觉得挫败,还会让我们失去信誉。有时候惩罚会被伪装成后果。

- "如果你不收拾屋子,我就没收你最喜欢的游戏。"
- "如果你不按时上车,你就不可以办睡衣派对。"
- "如果你再这么和我说话,你这个学期都别再想玩电脑了。"

过去,人们说家长得惩罚孩子的不良行为;现在我们得学会利用后果——自然的后果。两者的区别在哪里?惩罚是一种惩处措施,目的是让孩子痛苦不适,制止未来不好的行为。想象:用肥皂清洗孩子的嘴巴,这样孩子就不会说脏话。而后果是把事情的后果和教训总结结合起来,让未来的行为产生改变。想象:让孩子赔砸坏的玻璃,这样孩子就不会再向窗户扔球了。自然后果并不是家长强制孩子做什么,而是自然发生的结果。想象:一次考试不及格会让孩子在未来学习更努力。

"问题孩子"做错事的时候,我们会觉得必须做点儿什么,才能让孩子得到教训。不幸的是,我们给出的后果经常是伪装的惩罚。随便威胁孩子、利用孩子的负罪感、随口警告、剥夺孩子的乐趣,其实都很不公平。如果孩子根本不知道会有惩罚,他们又怎么能避免惩罚呢?

帮助孩子从错误中汲取教训比给孩子惩罚更重要。

黛安娜和我经常接到家长的电话："我不知道我还能做什么了，我已经没什么可以从孩子那里拿走的了，但是孩子还是不在乎。"当孩子努力去做他们知道他们"应该"做到的事情时，持续的责难和对后果的抗拒会让孩子伤上加伤，最后孩子要么放弃，要么反抗。

其实，帮助孩子从错误中汲取教训比给孩子惩罚更重要。

如果运用得当，奖励（帮助孩子找到可以改变行为的动力）和自然后果结合起来效果神奇，尤其是你希望教育过程可以轻松、幽默一些的话。可以先设置好切合实际的期待，和孩子充分沟通，达成共识，建立适当的后果机制，让孩子学会自我管理。当孩子清楚目标之后，你就可以"让这套机制扮黑脸"，后果会给孩子教训，你只需要带着同情，和孩子同仇敌忾即可。

拥护孩子，看到未来的可能性（培养孩子的韧性）

"1955 年，加利福尼亚大学戴维斯分校研究员埃米·沃纳（Emmy Werner）和考艾岛执照心理医师鲁思·史密斯（Ruth Smith）开启了一项跨度极广的研究，追踪当年出生在考艾岛上的所有婴儿。"很多孩子的家庭环境比较复杂，10 岁的时候都有非常严重的心理问题。但是这些"问题孩子"中有三分之一后来生活得不错。

沃纳和史密斯认为这些孩子"很脆弱但也很坚强"。这些孩子"展现出了不可思议的韧性，因为他们有一些'保护性要素'缓冲了环境的冲击"，这些要素包括家庭内外的情感支持。研究表明，只要有一个成年人信任孩子，并且孩子困难的时候可以求助于他，就会让孩子后来的发展大有不同。

我们需要看到孩子的可能性，同时也要让孩子发现自己的可能性。"问题孩子"总是从外界接收"他们不行"的信息——他们不够好、不够聪明、不够快、不够有条理、不够冷静等等。我一个朋友的孩子患有焦虑症，我最近跟他说："你得保护孩子免受焦虑困扰，你的任务是帮助孩子渡过难关。"

我们需要利用很多方法、策略才能做到这一点，这本书提到了很多方法。我们同样需要对孩子有信心，直到孩子自己也生出信心。培养孩子韧性的好办法，就是相信孩子能做到他们想做的事情。

孩子其实很脆弱，但是我们可以让他们坚强起来。我并不是说要培养孩子"我不需要系安全带"的那种坚强，而是要培养他们"生活很难，但是大家相信我，我可以"这样不可战胜的信念。相信孩子，我们就能对孩子产生很大的影响，看到孩子身上的可能性，让孩子相信自己。我们可以引导孩子发现、培养自己身上的韧性。

当我们无意识地强调孩子做得不好的事情时，孩子会很在意。比如，如果孩子的成绩不好，我们会很沮丧，要求孩子表现得好一点。我们要确保我们向孩子传递出的信息是我们相信他们可以做得更好，而不是我们担心他们做不好。这样孩子才更容易生出信心来。

我曾经写过，家长对孩子说的最重要的一句话就是："我信任你，我知道你能做到！"这句话积极、肯定、有力量。但是我的朋友杰尔姆·舒尔茨博士（Jerome Schultz）——《无处掩藏》（Nowhere to Hide）的作者——却建议我不要给孩子额外的压力。所以现在我鼓励家长说："我相信你可以做到。我知道你可能自己还不太确定，这没关系。从现在开始，相信我从你身上看到的潜力，我会一直相信你，直到你也相信自己。"

转变期待并不等于降低要求、减少期待。短期来说，我们要设置合理的期待；长期来说，我们要坚定地相信孩子，他们可以做到。

自我对话：向最好处假设

我记得在电视剧《梅博里案件讨论：假设》（Mayberry RFD：ASS-U-ME）中，有一集诺茨法官（Don Knotts）这个角色在法庭的黑板上写下："当你做出假设之后，你就建构出了自己还有他人。"谁说在电视剧里学不到东西的？

假设会导致误解，误解最后可能会失控，影响人际关系。比如孩子因为忘记写作业被批评了，直到老师发邮件告诉你你才知道这件事。孩子说："妈妈，我不想让你生气。"（然而你很生气，因为孩子没告诉你。）孩子假设了你的反应，让你们之间没法坦诚地沟通。

我们不可能不做假设，不过我们可以选择对生活中的起伏做不同的解读，选择更积极的假设方式。

在培训领域，我们把这称为"去建构"。我们知道人会做假设，这是大脑的运作方式。大脑认知过滤一切，我们的行动基于我们对环境的假设，即使有时候我们也说不清我们的假设是什么。孩子同样也会做假设。所以，我们可以用假设来重塑思维，从新的角度看待孩子的情况。

黛安娜教会了我一个办法，这个办法已经成了家长们的黄金法则。我们称之为 ABI 法则（Assume Best Intention：向最好处假设）。如果你去我客户家里，就可以看到写着"ABI"字样的纸条贴得到处都是。纸条很小，却能提醒人们假设的力量，假设可以为我所用。小纸条有一个额外的好处：孩子们不明白 ABI 代表什么。

向好处假设能够让我们看到事情积极的一面和可能性。孩子能做到最好，或者至少孩子想做到最好，你要抱着这样的信念行动。孩子不听话的时候，不要直接得出孩子不尊重你或者不服从管教的结论，你可以假设孩子已经很努力了，孩子想要做到最好。随着时间的推移，这种解读方式真的会让孩子表现更好。

对孩子来说搞清楚"应该"做到什么其实很难,看到朋友和兄弟姐妹能做到一些事情而自己却做不到会让孩子很沮丧。你想想,孩子可能觉得自己总是让你失望,他很努力了,却没有成功,这样一来你就能对孩子产生前所未有的耐心。

往好处假设,你就不会总是关注小失误,而是知道,任何事情都比表面上看起来难得多。想要孩子调节低落情绪,也需要很长时间,孩子情绪崩溃通常是因为觉得自己被误解了。往好处假设会给你带来解决问题的新角度。

所以,如果孩子不听你的话或命令,或者总是分心,让你抓狂,你需要提醒自己,这可能并不是孩子"故意不服从"。孩子陷入低谷,你要提醒孩子他已经做到最好了——这样能够减轻孩子的负担,减少每个人身上的压力。

你也可以把往好处假设这个办法用在自己身上。2019年世界多动症大会上,罗斯·格林博士极力强调:"要是孩子觉得自己能行,他就能行。"他还说,"要是家长觉得自己能行,他也一定能行。"

自我提问

- 你的孩子发育迟缓吗?
- 如何设置合理期待?
- 知道孩子有 3 到 5 年的发育迟滞,你学到了什么?

- 你是会惩罚孩子,还是会用自然后果教育孩子?
- 你期待的孩子的未来是什么样子的?
- 你经常做的无意义的假设是什么?

汉娜的故事

汉娜 8 岁的时候被妈妈遗弃了，她的爸爸从此对她管教十分严格，像拿着显微镜一样从头管到脚。汉娜第一次尝试到自由的滋味之后，就一发不可收了。她大学读了 8 年，很早就结婚又离婚，还有药物滥用问题。汉娜希望儿子迈尔斯能够活得和自己不一样。迈尔斯上初中的时候，汉娜严厉的管教让两人的关系十分紧张。迈尔斯读高中的时候，汉娜开始参加培训，收敛自己的控制欲。迈尔斯当时已经快辍学了，我问汉娜："最糟糕的情况下会发生什么？"汉娜表示，当她意识到其实她可以接受迈尔斯现在的样子时，她获得了"不可思议的平静"。汉娜支持迈尔斯去搞清楚自己到底想做什么，迈尔斯努力从高中毕业了。之后迈尔斯没有直接读大学，因为他没有及时提交申请。汉娜没有指责迈尔斯，而是和迈尔斯一起享受这段时光。迈尔斯找了份工作，存了一些钱，看到朋友们都去上大学了，迈尔斯没有为错过大学找借口，而是说："妈妈，也许我应该早点申请的。"

重点：你控制得越紧，孩子越是学不会对自己负责。你必须放松缰绳，让孩子自己把控人生。

第十章
CHAPTER 10

我需要一个办法来解决……"
"I Need a Strategy for . . ."

建立高效的体系、组织结构，产生切实效果
Creating Effective Systems and Structures That Actually Work

> 我们需要帮助，别人也需要帮助，我们都不需要惩罚。
>
> ——一行禅师

只见树木，不见森林：急于求成的危害

"我想要个解决办法。"

"我怎样才能让孩子写作业？"

"我只想安静一会儿。"

"我总是在吼叫，我本不想这样。"

"我的孩子就是不交作业。"

"闹钟坏了。"

"孩子无视我。"

"孩子好粗鲁。"

> "孩子总是一惊一乍。"
>
> "我的生活如履薄冰。"
>
> "孩子让全家不得安宁。"
>
> "我不想回家。"

当我们内心深处想要尖叫"停下吧，放过我吧！"时，我们很难让自己情绪镇定、头脑（相对而言）冷静。我和家长们进行了无数次的谈话，发现"问题孩子"的家长，不管是新手父母还是老手父母，统统只想要两个东西：制服孩子的办法、获得片刻平静。家长们认为只要有解决办法，就能获得平静，事实上，答案是反过来的，你要先平静下来才能找到办法。

人类喜欢答案，喜欢各种方法范式。问题让人火大，我们只想要一个完美答案。我们没有耐心，不想花时间和精力去彻底解决问题。我们想直接用上解决办法，完全不想先搞清楚问题所在。我们把面条都甩到墙上看看哪一根能粘住。

不幸的是，急于求解（方法、范式、架构）的代价很大——孩子学不会自己解决问题。如果我们直接给孩子答案，觉得孩子应该试一下这个办法，或者别人用过这个办法，那么孩子就会失去一次搞清楚哪些办法适合自己的机会。我们也许能"授人以鱼"，但却无法"授人以渔"，孩子甚至可能连怎么做钓鱼的准备都不知道。

我们给孩子准备好上学要用的备忘录、往家里买新奇的闹钟，或者用表格来管理时间，但我们没有达到期望的目标。这并不是因为这些方法没用，它们当然很重要。如果没有日历、电脑和便利贴，我很难写出这本书。但是我们的目的不是应用方法，而是达成目标。

方法、范式、架构（天哪！）

尽管大多数人认为方法、范式、架构的意思差不多，我还是认为有必要区分一下：

方法：推动的方式。让孩子放学后开始做作业的方法可以是激活大脑。

范式：完成事情的过程、流程。吃高蛋白食物或者进行体育锻炼是激活大脑这种方法的范式。

架构：范式的组成部分，比如把高蛋白食物放进车子，或者从公交车下来就直接去操场运动，家长可以用各种架构组成范式，激活孩子的大脑。

举个例子，想让孩子在课堂上表现更好，我们可能需要选择一个**方法**，让孩子不在课堂上捣乱。为了鼓励孩子改善他们的行为，我们需要选择一个奖励**范式**。奖励小星星或者积分都是老师可以用的具体**架构**，巩固孩子的良好表现。

孩子要是有慢性疾病，就需要彻底的行为变革，这是一个漫长的过程。方法、范式、架构都是非常有价值的手段，可以弥补孩子的执行功能障碍。但是我们必须牢记，这些办法并不是目的，只是辅助我们的工具，让我们能够达成更广阔、更重要的目标，帮助孩子学会自我管理、自我约束。你没法一蹴而就，解决问题需要有一个过程。

重塑思维：慢慢解决问题，不要急于求成

很长一段时间里，我每天都想打通关，像打弹球游戏一样，应付这个，应付那个，只想找到答案。我和孩子尝试了所有医学上已知的传统疗法和许多其他领域的办法。有些有效果，有些没有。

"这个办法"能够搞定一切，我被这些闪闪发亮的承诺吸引了，只想找到一个可以摆脱所有烦恼的万能灵药。每当我找到一个新疗法、参与一个新项目，我（内心里）就期待自己找到了那个灵药。一想到我们花掉的上千美元，我就有点儿难受。

我当时没有从宏观角度系统地解决问题，坦白讲，我当时也不想要渐进的进步。我当时不明白，孩子的问题需要长期的行为管理才能解决，只想快点搞定问题。

我们都希望自己的孩子能长成有能力、独立的大人。希望孩子能够确立目标，然后努力实现，应对生活中的挑战，跨越障碍。我们希望孩子能够热爱生活，建立良好的人际关系，前途光明，最终独立自主，长大成人，这样孩子就不会在20年

后仍旧住在父母房子的地下室里，或者沦落到更糟糕的境地。

要想达成这个长远的目标，我们需要拒绝急于求成的想法的诱惑。我们必须先做到一件孩子之后也要明白的事——接受解决问题的过程是复杂而缓慢的这一事实。

这并不意味着不再尝试新东西，或者探寻新方法，只是要在深思熟虑之后再行动。留心你使用新方法的过程，让影响力模型帮助你搞清楚你究竟想要改变什么和是什么让孩子如此行事。要有目的地进行规划：激活大脑（见第七章）、营造积极氛围（见第八章）、转变期待（见第九章），让你的方法范式起效果。

接受培训之前，我一直坚信我能够"搞定"孩子身上的问题。我觉得可以通过让孩子吃药、接受心理干预、参加学校的特殊课程、上社交课来解决问题，最后我明白了专注于问题解决的过程更有意义，我才不再想着"搞定"孩子身上的问题，而是采取成长思维模式，让孩子的进步更持久。

斯蒂芬·柯维（Stephen Covey）说过行动之前要在脑海中想好结果，这并不意味着他倡导快速解决问题，他的意思是要先想好自己希望达成的目标，想清楚自己想要解决什么问题。这样才能发现有效方法，带来改变。

孩子需要学会有建设性的问题解决技巧，这些技巧要适

接受解决问题的过程是复杂而缓慢的这一事实。

合他们的心智发育水平。我们自己也一样。不要总是跟孩子说"你必须通过考试，这样才不用在假期补课"，或者"你必须门门功课都得 A 才能开车"。我们需要引导孩子想清楚如何才能通过考试，在课堂上表现良好。我们要引导孩子发现自己的动力，弄清楚他们内心深处想要的东西。

在本章接下来的部分，我会讲一下要想让方法、范式起作用有哪些核心技巧，我们要有这样的思维模式，那就是不要试图一次性解决问题，我们的目标是每次提高一点点，每次解决一点点。

方法：在错误中进步（3 个神奇问题）

> 如果你想把一件事做得更好，就需要带着开放的心态做实验，去尝试，去失败，欣然接受结果，从结果中学习。
> ——彼得·布雷格曼（Peter Bregman）《不再关注表现本身》（"Stop Focusing on Your Performance"），《哈佛商业评论》（Harvard Business Review）

很多人都讨厌失败，但是失败是学习的基本组成部分。如果没有牙牙学语，我们学不会说话；如果没有蹒跚学步，我们学不会走路。科学发现无不是从失败中汲取教训的，弄清楚什么没有效果，我们才会知道什么有效果。失败造就了巧克力豆曲奇，所以失败也不一定都是坏事（见第九章）。即便如此，我们的每一根头发丝都在抗拒失败。

孩子在走向成功的过程中失败、遭遇困难、犯错都是很正常的，但是孩子不这么看。孩子和我们一样，习惯快点找到解决办法。孩子通常也没什么耐心，容易难为情，想得到家长以及自己对自己的肯定。失败是孩子最讨厌的事，他们想尽办法规避错误。

因此，教会孩子应对失败是抚养"问题孩子"重要的一步。让他们学会应对失败很难，因为孩子讨厌失败，不知道如何才能从错误中有效地汲取经验。孩子不知道在错误发生的时候应该如何应对，或者会因为感到羞耻而拒绝纠正错误。孩子通常做不到一个错误不犯第二次。

在漫长的解决问题过程中保持耐心，同时从错误中汲取经验，对孩子来说会有些不堪重负，他们会感到沮丧和恐惧，对我们来说也是一样。作为家长，我们只想拯救孩子，不让孩子因为他们自身而感到挫败和失望。

但是如果不让孩子经历失败，会让孩子在犯错之后，更容易觉得自己愚蠢得无可救药。我们应该在孩子犯错的时候和他们站在一起，帮孩子掸去灰尘，不去批评指责，这样孩子才能从错误中学习，培养韧性。

人都会犯错。能否让孩子优雅地面对错误取决于我们，我们需要教孩子在错误中进步。

> **在错误中进步，问 3 个问题**
>
> 　　1. 成功点是什么？从错误中汲取教训的关键在于心态要积极向上，这会让我们用乐观的视角看问题，不采取对抗的姿态。
> 　　2. 失败点是什么？在明白了积极心态的作用之后，检查其他细节。注意在错误中有什么教训可以汲取。可以观察失败，但不要沉溺其中。
> 　　3. 之后你会怎么改？开始为下一步做规划。

　　在错误中进步，这个神奇的过程需要我们不带羞耻感、毫不尴尬地从错误中汲取教训。不论大错还是小错、专业领域还是私人领域，在错误中进步都能产生奇迹。如果孩子分数不够高，如果你觉得菜做得不好，可以试着问一下自己上面的 3 个问题。

　　我们希望孩子取得成功，与孩子共同进步，让孩子学会掌控自己的生活。我们要明白熟能生巧，要留心错误发生时的前因后果，以便从中汲取教训。不要再向孩子灌输他们"不够好"的观点，那样毫无益处。帮助孩子从错误中汲取教训，改善行为举止，在错误中进步，激活孩子的大脑，让孩子更警醒，意识到错误的后果。

　　这部分的重点是要教会孩子一个道理——让每一次错误

都成为一个学习的机会。这个道理会让孩子不犯同样的错误，也不再因为自己犯下的错误而苛责自己。这个道理对孩子很有用，对我们也是如此。

不要用分数衡量孩子

亚特兰大女性创业年会的午宴上，我听了简·波利（Jane Pauley）的演讲，她讲述了自己得躁郁症之后的生活。简的演讲润物无声，触动人心，她说了很多心里话，让人潸然泪下，最后却总能重归振奋。简说："人活在世上，总要经历点什么。"我们都有自己难念的经。

简经常生病，情况总是好了一阵儿之后又急转直下。得了慢性病之后，简说她的生活秘诀就是管理自己。意识清醒，保持警惕，终生管理。这对"问题孩子"来说也是适用的。

"结果定义一切，衡量一切，跑过终点线就可以了。"我们生活在一个结果至上的社会里。我们希望孩子取得成功，衡量的办法就是分数。我们只想"解决问题"，这种思维方式会让我们只关注孩子的终点，而不在乎孩子如何抵达终点。

我们会问：孩子是不是在考试中得了 A？孩子是不是赢得了比赛？孩子是否找到了实习、工作，考取了资格证书或者考上了哪个学校？我们衡量的办法就是成功的具象：奖项或者金钱。

然而达成目标并不意味着孩子学会了如何生活。我们可以让孩子得 A，可以好好规划让孩子考取资格证书，但是如果孩子不懂得如何生活，也不懂如何复制我们规划的成功之路，那么孩子真的从这些经历中学到东西了吗？

过程比结果更重要

你听说过"扫雪机式"的家长吗？这样的父母会铲平孩子面前的任何障碍，让孩子能够畅通无阻地前进。然而，如果我们只帮孩子清除路上的障碍，却没让孩子看到它们，也没能让孩子学会如何绕过它们的话，最终会发生什么？这样真的算成功吗？

要让孩子学会打理自己生活、工作的方方面面，过程真的很重要，就像在复杂的数学题中得到过程分一样重要。解决问题的方法和正确答案是一样重要的。不要逼迫孩子取得什么成果，要帮孩子搞清楚取得成果的过程。根据孩子的年龄和能力，奖励孩子的每一个小进步。

- 不要只想着让孩子写完作业，要是孩子能专注在任务上 10 到 20 分钟，就给他们点儿奖励。
- 不要因为孩子情绪爆发就惩罚他们，要奖励他们在使用自我平静策略管理情绪方面取得的进步。
- 不要只让孩子休息一下就了事，而要奖励孩子能够运用技巧使自己冷静，克服低落情绪。

·不要批评孩子拖到最后才写作业,而要表扬孩子提前列了大纲。

·不要只丢给孩子一个招聘信息,而要夸奖孩子能和经理谈话,寻求工作机会。

·不要只给老师发邮件,而不让孩子参与,要庆祝孩子能在课后找老师谈话。

让学校老师也认识到过程比结果重要:

·确保课堂中的奖励体系专注于学习过程,而不仅仅是分数。

·让老师明白,学会如何学习比学没学会这周的单词拼写或者是不是完成了 5 页报告重要得多。

·留心小的进步(一个段落,而不是一页),让孩子能够感受到渐进的成功过程。

如果我们只关注最终的结果,以此来衡量成功与否,我们就没法意识到长期来看,有意识的自我管理的重要性。我们希望孩子能明白如何才能达到他们的人生目标。不管你用什么新方法,都要注意过程,而不要只在意结果。形成习惯需要时间,所以我们要奖励达成目标之前的每一点进步。

让事情简单灵活起来

尽你所能，诚实地回答以下问题，你是否：

- 进行冗长的说教，然而孩子一个字也听不进去？
- 做了详尽的计划，然而不奏效的时候会怒不可遏？
- 想一次性解决太多问题，导致每个人都不堪重负？
- 想让孩子一直优秀，却丢失了对孩子的同情心？

我的朋友，你不是个例。艰难的日子里，我们唠叨、诱哄孩子，和孩子讨价还价。我们想尽办法，希望孩子进步。不过有时候，我们反而把事情搞复杂了，对我们和孩子来说都是。

孩子还小的时候，我两次试着用表格约束孩子，结果却南辕北辙：

- 第一次我列出了孩子从早到晚需要做的所有事情（见第五章）。把一切都事无巨细地列出来对我来说好处颇多，我的失误之处在于，我只把表格给孩子看了一下，却没真的期待孩子能独立做到表格上所有的事。
- 第二次我又设定了一组不切实际的期望——一大堆目标，比如"从容晨起""尊敬他人"（见下页的良好行为表）。我觉得这个表格会让事情变得更简单，然而事实并非如此。有些时候我很难把握重点。我怎么才能记住查看表格中所有的日常项

良好行为表

行为	早上	下午	晚上	全天
服从指令				
倾听他人				
主动助人				
尊敬他人				
与人为善				
吃相优雅				
从容晨起				
从容就寝				
做好家务				
做好作业				

目？如果孩子早上表现变好了，他们怎么才能知道这一点？

想让计划实施起来简单、有效，就要让计划像打桥牌一样灵活多变。让孩子清楚要做什么，让计划简单灵活，这样才能让计划成功。

专家告诉我们坚持才是王道，所以我们带着宗教般的虔诚，执行专家的建议。我们给生活设定铁一般不可更改的日程。一旦我们或孩子没能坚持日程表，我们就会苛责自己。我从很多家长那里听说过这样的话："我知道我得坚持，但是……"

要知道有时候坚持并不一定是好事。如果我们死板地执行日程计划，可能就无法应对孩子的一些需求：

·孩子需要时间管理情绪起伏，就算会迟到也得先让他们整理情绪。

·在学校度过漫长的一天之后，孩子需要我们帮助他们厘清事情的轻重缓急。

·如果孩子在晚饭时很亢奋，那么他们可能需要我们站在他们椅子旁边。

为了切实满足孩子的需求，我们得明白什么时候需要适可而止。可以给孩子第二天从头来过的机会。

我们家最有用的表格非常简单：每个孩子一个空白的评分表。当我看到孩子表现好的时候，就告诉孩子给自己加分，孩子可以用这个分数买东西。这样做有一个额外的好处：他们学会了用计数符号数到 5。

我最喜欢的一个简单灵活的方法是让孩子自己选择写作业的地点。人们总觉得孩子必须在桌子上写作业，坐直，坐正。我甚至还有一个能让孩子端正坐好的矫正工具。这样的想法太僵化了，我这样做完全是因为我没什么更好的办法。

后来我允许孩子自己决定在哪里写作业，我们之间也会协商一下。孩子在玩具城堡里、在树上写作业（总要用一只手抓住点什么），在门廊或者床上写作业（令人惊恐）。一个孩子最喜欢的地点是趴在餐厅的桌子上，这样她可以把脚甩来甩去。你知道吗，孩子就这样写好了作业。完成作业是我们的目标，对吧？

让孩子遵循日程体系，又不让孩子觉得不堪重负、消极抗拒，是一门艺术。所以为什么要把事情搞得那么复杂呢？简单一点，灵活一点。不要让其他人僵化呆板的办法影响你的孩子实现目标。

自我对话：办法隐藏在过往的成就中

我现在只针对成人、家长做培训，但是之前我曾训练过一个 14 岁的女孩，她想在学校表现更好，却总是无法完成作业。这个女孩热爱社交，女孩跟我说起过她策划的一场睡衣派对，让我很好奇。她向我讲述策划派对的每一个步骤，包括她和朋友们如何请求家长开车送她们去派对。女孩很自豪地讲述了这个展现了她高超执行能力的故事。

策划睡衣派对听起来好像不是什么正经例子，但是只要她明白了其中的套路，我们就能把派对的成功策划经验应用到对作业的计划上。很快，女孩就制订了一个计划，在纸板上画

泰勒-克劳斯的计分表

计数符号:画正字
月份:

姓名:	姓名:	姓名:

出了完成作业的一系列流程,让整个过程可视化,可以提醒她。更棒的是,这一切都是她自己想出来的。

引入真正有效的方法,做这件事的方式也可以做那件事。要记住,成功才是成功之母。

我的女儿一度痴迷于纸牌游戏,我觉得这个游戏会让她分心,无法完成学校功课。但是当我开始回忆女儿过去成功完成的事情时,我意识到女儿玩纸牌是想舒缓一下神经(高中第一年=压力)。回想一下,女儿意识到把事情整合排序能让她的大脑更有条理性,所以她在纸牌游戏中的技能可以转化到学校功课上来。纸牌游戏让她看到新的可能性,让她用一种可视

> 引入真正有效的方法，做这件事的方式也可以做那件事。要记住，成功才是成功之母。

化的新方式管理作业进度。

有时候我们觉得问题总是层出不穷，一点儿喘息之机都没有。我们尝试用各种办法减少混乱，增加掌控感。如果我们总是犯错，我们就会倾向于只关注不起作用的部分。然而这样只会让意志更消沉，孩子可能会觉得是自己的问题，陷入对抗心理。

我们应该关注孩子做得好的部分，不论多么微不足道的成功都可以。在寻找的过程中我们可能会挖掘到金子，就像按藏宝图去找宝藏一样，我们总会找到应对问题的办法，在寻找的过程中我们也会振奋起来。

关注孩子之前的成功经历，是另一个发挥孩子优势的好办法，让孩子感到骄傲，感觉自己很棒，这样孩子会想更多地体会到这种感觉，而不想做那些会让自己感觉不好的事情。孩子成功过一次之后，就会想要更多成功。

比如，孩子可能不能在上学前整理好自己的东西，但是如果他能在练习飞盘（他们乐意做的事情）前整理好需要的东西，那就可以从这里开始。

问自己一个问题："孩子之前做成过什么事？"之后把过往的成功转化到新的场景中，复制上一次成功。让事情变得更简单吧，我们希望孩子能够清楚地知道自己曾经做成过什么事情，然后搞清楚之前成功的原因是什么。

重点：鼓励孩子一次专注于一件事，投入其中，从中学习，然后把这次成功转化到其他事情中。记住，你的解决办法也存在于你过往的成功之中。现在你已经读完了本书的第二部分！你过往的成功经历中有什么是可以转化到其他领域的吗？

自我提问

- 你是否一度只想找到答案就了事？有效吗？
- 你有过关注过程重于结果的时候吗？有什么不同吗？
- 解决问题而不是修复问题，需要什么？
- 用3个神奇问题定义一个简单的错误，在错误中进步，这能让你接纳自己的错误吗？
- 如果不在意结果，你想关注什么过程？
- 你是否曾让事情变得更复杂，而不是更简单？
- 你的孩子有什么过往的成功经验可以借鉴吗？

你是否正面临信息过载的难题？

你可能花费了几个月甚至几年时间，想找到"灵丹妙药"，解决孩子的问题。可能你和我一样，应付完这个再应付那个，努力寻找希望，买了一个又一个"万灵油"。

也许你试过思维训练、谈话疗法、心理干预、视觉疗法、营养疗法、补习、上特殊学校、参加培训、上人际沟通课、神经反馈法、奖励表、契约法，或者以上所有方法你都试过，这个清单可以无限延长。"问题孩子"的家长竭尽全力试遍所有办法，想给孩子提供帮助。

我们得明确一件事——上面的一些方法作为帮助和治疗"问题孩子"整体策略中的一部分很有意义（除了"万灵油"）。我发誓我绝对不是在说这些疗法和治疗体系没有效果——很多时候，这些方法能带来翻天覆地的变化。

我想表达清楚的是，我们总是在还没搞清楚发生了什么、孩子究竟需要什么之前就开始用这些方法了，这就像在中学毕业之前就把上大学的教材买好了。

我们必须慢下来，这非常重要，我们必须弄明白孩子到底面临什么问题，在加速尝试一个又一个的方法前，先做一个循序渐进的计划。如果你不知道自己究竟想改善什么问题，以及你的选择有哪些，那么你永远也不可能知道到底哪一个方法真正有效。

这是我们训练方法的关键点。我希望你能够把这一部分的影响力模型当作指导方法，一步一步地让孩子发挥出自己全部的潜能。

第三部分
PART 3

从想法到行动
Turning Information into Action

让它改变你的生活
Making This Work in Your Life

如果你跳过了本书的前两部分，只想赶快行动，那么请你一定看一下第二部分，在行动之前先搞清楚思维框架。在那之后，如果你已经把目标定为解决困境、收集信息、完成四个基本步骤，那么你就可以加入我们，开始行动，修正，重复。

家长们经常跟我说："我已经用尽所有办法了，没有任何效果。"十几年来我也有同样的问题，直到我发现孩子取得成功的秘诀不在于那些教育妙招，而是理解；要从我开始解决问题，而不是从孩子入手。总想用速成方法解决问题最终会牺牲效果。求速成只是在浪费时间、破坏亲子关系，还会错过教育孩子的时机，因为孩子或者青春期的少年会抗拒家长的建议，拒绝家长的帮助。

如果孩子没能在高中阶段产生自我意识，学会自我管理的技巧，成年之后，孩子面对问题的时候，也不太可能会向家长寻求建议。

权威医疗协会（美国儿科学会、美国精神病学会等）的研究表明，治疗儿童最实用的办法是给家长提供支持和培训。不过大多数家长仍然：

- 对综合治疗手法缺乏系统性了解；
- 很少能获得有效支持，平息混乱；
- 缺少针对自己家庭情况的个性化治疗的指导。

许多专家根本不知道行为疗法的目的是什么，也不知道家长到底需要哪方面的指导。无数专家告诉我，他们不愿意让家长接受行为干预治疗，因为他们不想冒犯家长，害怕家长接受不了现实。这有点儿像一个心脏病专家不告诉患者戒烟，仅仅因为他觉得病人不会听自己的建议。

管理"问题孩子"的旧模式——吃药、用表格管理等——都并不正确。如果我们想让孩子学会自我管理,就要对孩子的境况有深入的了解,这样我们才能让孩子学会深思熟虑、自我管理。我们需要让孩子自己采取行动。

卡拉的故事

卡拉很沮丧，她的女儿不听话。低落之余，卡拉禁止女儿使用电子产品。在网上的公开论坛中，卡拉写道："我真的很蠢，我觉得我 14 岁的孩子可以好好地使用智能手机了。我在她 12 岁的时候就给她买了手机，当时买手机是出于安全方面的考量。现在女儿对我的话总是阳奉阴违。全完了。她现在要买一部翻盖手机。我真的特别想让女儿变回一个正常的青少年，用手机的时候能听我的话。但是她在这个年纪十分冲动，她还不够成熟，还不能处理矛盾。"卡拉给女儿制订了规则，却没和女儿商量，女儿不理解她为什么要遵守卡拉的规则。如果卡拉能够理解女儿其实很"不容易"，和女儿一起寻找有效的解决办法，那么卡拉的女儿就会有动力控制自己的冲动。如果母女之间只有卡拉想做些改变，那她只会失望。

重点："我真的特别想让女儿变回一个正常的青少年，用手机的时候能听我的话。但是她在这个年纪十分冲动，她还不够成熟，还不能处理矛盾。"

第十一章
CHAPTER 11

"孩子需要自己成事"
"They Need to Be Able to Do This on Their Own"

先缓步培养孩子的自主性,然后再下猛药
Cultivating Ownership Gradually and Then Suddenly

> 我们都会这样,要么指望未来,要么沉溺于过去,总觉得幸福在别处。
>
> ——一行禅师

解决孩子的问题,却不让孩子参与

我们假设卡拉给女儿定下的规矩是只有完成作业之后才能玩手机。情况可能如下:

- 卡拉不喜欢女儿用手机,所以立了规矩。
- 卡拉告知女儿这个规矩。
- 女儿不听。
- 卡拉很沮丧,在脸书上发表评论"全完了"。
- 卡拉告诉女儿"全完了"是因为她连简单的规矩都不能遵守。

- 卡拉的女儿很吃惊，觉得妈妈根本不理解自己。

卡拉的女儿很可能不明白为什么妈妈定下这个规矩，觉得妈妈毫无道理，只是专制而已，内心深处觉得妈妈不信任自己。卡拉和女儿都觉得很无力。

我们都会犯这个错误，我自己也是这样。我们帮孩子做决定，帮孩子找出解决方法却不允许孩子参与其中。我们只是告诉孩子我们觉得他们应该做什么。孩子觉得自己没有发言权，他们的权利被剥夺了，就会拒绝、自卫、反抗。我们不喜欢别人替我们做决定，但是我们却总是替孩子做决定。

也许孩子的确没法独立完成作业、家务、清洁，没法在课堂上好好表现或者和朋友友好相处，没法打扫房间、主动开始写作业、按时交作业。但是问题不在于孩子做没做这些事，真正的问题是你想让孩子做这些事，但是孩子不觉得自己应该做这些事。**你觉得**孩子有问题，**你觉得**这些问题需要被纠正，**你觉得**你知道怎么帮孩子纠正这些问题，所以，**你决定**让孩子"学着"去改掉坏毛病。情况通常如下：

- 你知道孩子得改，也知道怎么改。
- 你命令或者说服孩子改。
- 你给孩子定下改正的方法。
- 孩子不愿意用你的方法。

·你很沮丧。

·你会抱怨、威胁，给孩子下最后通牒。

·你会重复以上步骤并循环不止。

我们很多人都难以接受，孩子其实根本不明白为什么你会觉得他们需要提升自己，而且把这当成一件大事。孩子的问题已经变成了你觉得他们有问题（你想用你的方式解决问题）。

卡拉觉得女儿用手机是个大问题，想让女儿改变用手机的习惯，而且希望女儿用卡拉的办法来改掉这个习惯。卡拉的女儿不这么看——她觉得妈妈想要控制她。卡拉的做法可能是百分之百正确的，但是卡拉需要让女儿参与这个过程，让女儿更有改变的动力。

这是谁该做的？又是谁的解决方法？

我们命令孩子做基础的任务，比如做作业、洗澡或者好好吃饭等，总会起反效果——尤其是大一点儿的孩子。孩子会因为家长的控制而沮丧，想尽一切办法反抗父母。当孩子为了期中考试努力学习时，即便在上学之前洗个澡、吃早饭是对他们有益的，孩子也不会听从，因为这是你让他们做的。

孩子通常不会因为一件事对自己有好处，或者应该做，就去做这件事。孩子需要有参与感，才有动力改变自己的行为——解决问题的时候，让孩子成为参与者，不要让孩子觉得他们就是问题本身。要么让孩子觉得这件事是他们自己的事,要么让孩子足够认同你,他们才会有动力做事。如果只是家长的安排或者解决方法,那任何人都不可能成功达到目的。

难道 9 岁的孩子会主动说"嘿,老爸,我想自己洗个澡,你可以去忙其他事"这样的话吗?基本不可能。不过如果孩子有自己的想法,比如想在睡前多听一会儿故事,那么孩子就会愿意与你合作,乖乖洗澡去。

重塑思维:合作完成

> 我得到的教训够多了:90% 的问题都是我们自找的,而不是儿子搞出来的。我们要知道怎么让儿子应对难题。现在,得让他来主导整个过程。
>
> ——黛安娜,一个 19 岁男孩的妈妈

快讯:在生命的最后,你绝不会还想插手孩子的事情,你只会希望孩子能够自己引导自己。

这就是为什么我们要和孩子合作。孩子需要你帮他们搞清楚问题所在,做孩子的外援,而不是他们的绊脚石,这才是最有效的养育方法。你需要慢慢地将知识传授给孩子,孩子渐渐会明白他们有能力了解自己,最后他们会做得比你更好(即便现在他们可能还没准备好)。

如果我能当一天女皇，我会给抚养孩子下一个官方定义：

抚养孩子：和孩子共情、合作，培养孩子高效解决问题的能力的过程，这样孩子才能在成年之后最大程度地实现独立。

我们想让孩子明白，我们和他们是一起的，是一个团队，我们是他们坚强的后盾，我们和他们同甘共苦，休戚与共。罗斯·格林博士强调过，与孩子合作才是帮助孩子掌控生活、承担责任的关键。教会孩子如何解决问题才是重点，不要让孩子觉得自己才是需要被解决的问题。"为什么强制没有效果？"格林博士在 2019 年的演讲中问过这样的问题，"强制只能导致冲突。合作才能走向团结。"

多年来家长已经习惯命令孩子，要转向与孩子合作可能非常难，因为合作需要：

- 约伯[1]（Job）的耐心，马拉松选手的毅力。
- 放弃自己那一套，转而支持孩子的办法。
- 让孩子用自己的方式做事，孩子成功了要夸奖他们的功劳，同时还要引导孩子在错误中学习。

---

[1] 约伯是圣经中的人物，他在失去财产、子女并受尽皮肉之苦时从不口吐妄言，而是耐心忍受各种祸患的打击，代表"极大的克制精神""难以想象的忍耐力"。——译者注

鼓励孩子为自己而不是为家长做事，为孩子赋能。

  合作的培养方式，能够让孩子树立并努力实现目标，不要只是告诉孩子他们应该做什么，要让孩子明白对他们来说到底什么最重要，这样孩子才能找到理由遵从你的方法，而这个理由绝不能是"因为我这么说了"。

  鼓励孩子为自己而不是为家长做事，为孩子赋能。学习、取得成绩、交友、做好事甚至是收拾碗碟（这是个引申），都是孩子最终要自己做的事，不仅仅是为了取悦家长。你希望孩子做作业是因为他们觉得这很重要，还是因为你告诉他们要这样做？你希望孩子远离毒品是因为他们想要保持健康、安全，还是仅仅为了避免麻烦？

  从青春期开始，孩子渐渐不再会为了取悦家长而做事。但是理想情况下，孩子总会因为自己想做一件事而产生动力。这才是持续一生的动力。所以如果你希望孩子成长为一个独立的大人，那么你应该逐步给孩子自主权，尽快让孩子取得控制权。帮孩子搞清楚他们的责任所在，而不是让孩子觉得他们做的任何事情都是为了你。

  ·如果孩子仍旧需要你的辅助，就像第四章中提及的抚养第二阶段，那你应该开始和孩子合作，让孩子更多地参与进来，让他们表达他们想要怎么（或什么时候）做。

抚养四阶段
快速回顾（第四章）

第一阶段：家长督促、指导孩子。孩子的日常生活都在家长的控制之下，家长在合适的时候督促孩子。家长可能会一直陷在这个阶段，因为对家长来说这种抚养模式更熟悉，家长也担心不这样的话孩子可能做不好。

第二阶段：家长鼓励孩子掌握主导权，给孩子示范如何进行自我管理。鼓励孩子在做计划的时候参与进来，在孩子解决问题、做决定的时候提供指导。如果不确定孩子行不行的话，第二阶段是一个很好的开始。

第三阶段：家长让渡主导权，给孩子打辅助。如果想给孩子提建议，得经过孩子的同意。让孩子自己掌握主动权，自主决定事务。

第四阶段：让孩子做主，巩固上一阶段的成果，充当故障检修员。鼓励快要成年的孩子独立自主，如果孩子需要，可以在孩子解决问题的时候提供支持。和孩子的关系逐步过渡到成年人之间的关系，不过要记住孩子的大脑可能要在 25 岁左右才发育成熟。

• 如果孩子已经进入抚养第三阶段，给孩子自主权，让孩子承担责任，仅在孩子需要的时候提供帮助。

合作就是把自主权分享给孩子,培养孩子的独立性,最终帮助孩子成为一个很好的人,在以后的生活中能够自我驱动做正确的事——比如孩子自己想在你老了之后照顾你(我们都希望这样)。

方法:让孩子认同

我的孩子小时候总是想熬夜,我丈夫把孩子的这种生活方式称为"摇滚生活"。我们没有单纯地对孩子说不,如果孩子熬夜到很晚,我们会和孩子讨论我们的期望,比如希望他们起床之后不要发脾气、熬完夜直接去睡觉、早晨洗个澡等等。我们不会对问题遮遮掩掩,会和孩子商量着做决定,清楚地告诉孩子我们的期待。我们不会总是给孩子开绿灯,不过如果我们允许孩子做某件事,在允许之前,我们一定会让孩子明白这意味着什么。

> "摇滚生活?"我们问。
> "摇滚生活。"他们回答。
> "一言为定?"我们问。

孩子用全身来回答的样子特别可爱。

让孩子认同非常有效果。这能减少我们的压力,还能让孩子学会在生活中保持平衡。孩子想得到什么,就必须定下协议，知道这件事的后果。之后，我们会讨论怎么做、下次能否再这样做。

我们现在还在用"摇滚生活"这个词，因为这个词代表着一种娴熟的解决方式，如果某件事让我们觉得可能会很有压力，这个词能让我们设定清晰的目标，行动起来。有一天早上，我甚至听到我丈夫对着镜子自言自语"摇滚生活"。

让孩子掌控自己的生活，是合作抚养模式的核心所在。让孩子自己规划日常生活，孩子就会自然而然地掌握主动权（抚养第三阶段），不过大多数时候，孩子其实没有完全准备好。很长一段时间里，孩子都需要我们介入，回到抚养第二阶段，不过之后我们还是要让孩子参与进来，继续尝试，修正，然后再次尝试。

有时候我们需要外界因素才能让孩子认同，比如奖励、新经历或者兴趣。如果孩子是因为内在的动机而认同的，会产生更大的动力，比如自豪感、成就感或者成功感。如果你"拥有"某件事的自主权，你会更愿意做这件事（或者做好这件事），会愿意为之努力。如果你觉得自己是在为别人做事，你会觉得为什么要费这个力气呢？如果孩子不买账，他们就不会觉得这项任务和自己相关。外部动力可以在短期内让孩子做一件事，内在动机才能让孩子自发地重复做一件事，直到做好。

我儿子如果对某件事不是发自内心认同，就会糊弄了事。所以我一直说"如果做，就做好"，希望能在他心里埋下一粒

盲目顺从无法培养自主性，与孩子合作，让孩子发自内心认同才可以。

种子，让他长大之后也能记得。他在夏令营做辅导员的时候，我种下的种子发芽了，他把这个理念分享给了夏令营的成员。他和我说，他并没有期待立刻产生什么变化，只是希望这个信念在未来他们想做点什么真正想做的事情的时候，能够帮助到他们。我得提醒大家，即使是在夏令营，如果孩子们不是发自内心认同什么事的话，他们也会糊弄的。

让孩子认同是让孩子高效行动的关键。如果想让孩子做到他们被要求做到的事情，他们得找到去做的理由才行。如果孩子不在乎，那方法再好也没用。行动之前应该确保孩子真的想执行你们一起制订的计划。其他家庭成员也要认同才行。如果孩子积极参与，但是你的配偶或者孩子的兄弟姐妹对此嗤之以鼻，效果也不会好。要搞清楚每一个人的诉求。

抚养孩子的最终目标是帮助孩子走向独立，成为能够独立生活的成年人。盲目顺从无法培养自主性，与孩子合作，让孩子发自内心认同才可以。

不要操纵孩子

和刻板印象中专制家长包揽一切有点不同的是，家长对孩子的控制可能体现在更细微的地方。作为家长，我们太擅长命令孩子、操纵孩子生活的方方面面了。有时候我们甚至意识不到自己在操纵孩子,这就像家长的职业病一样。

但是我们的操控和孩子成长过程中对自主性的需求是冲突的。如果我们被困在这种操纵模式中,会不知不觉地损害孩子的独立性,这种模式是:

- 包揽一切,而没有搞清楚对于孩子来说重要的是什么;
- 控制方方面面,孩子没法自己做决定;
- 不顾孩子是不是认同家长的目标和方法;
- 制造憎恨情绪(孩子的和我们的),最终孩子会觉得自己的反抗合情合理。

我们最隐秘的操纵孩子的方式是语言操控。无论是用积极的话语还是消极的话语,语言的影响都是巨大的。

五个注意你的言论的办法

1. **转变谈论孩子的方式**。我们总说孩子"懒惰""粗鲁",这不仅会影响其他人对孩子行为的看法,也会影响我们对孩子的看法。谈及孩子的时候不要用挑剔刻薄的字眼,让你的语言正能量一点儿,以防孩子偷听到。

2. **转变与孩子说话的方式**。很多孩子都只能从字面意思理解语言(尤其是年纪小或者有自闭症、语言处理障碍的孩子)。

极端的语言，比如"你永远也不会……""我总是要……"这样漫不经心的句子会加深孩子和你之间的不信任感。

3. 注意可能损害孩子自主性和认同感的语言。像"因为我说过""这是为了你好"这样的表达在无意之中可能会给孩子错误的暗示，让孩子误以为他们的责任是父母的事。

比如：

- "我需要你现在开始写作业。"作业是谁的事？
- "我们今天要写什么作业？"这个作业到底是谁的？
- "你能帮我一个忙吗？写作业。"孩子的作业是给你的礼物吗？

4. 给孩子赋能，让孩子为自己感到自豪。不要跟孩子说你有多骄傲，而是要让孩子为自己感到骄傲，不要让孩子只是取悦你。

5. 用暗号，放开控制，支持孩子在情感上进行自我管理。暗号就是简洁的沟通信号，比如安全词或缩写词。我们很多人都知道的一个暗号是"我认输"，你会在无法忍耐的时候说出这个词。和孩子一起创造一个暗号来改进某个行为，让孩子决定暗号是什么，增加孩子的认同感。

如何让暗号起作用

· 和孩子讨论暗号，与孩子达成一致，尝试使用暗号。

· 和孩子一起决定改变一个行为。从简单的行为做起，避免极端情况，并确保孩子也想做出改变。

· 让孩子决定你们使用的暗号（即使有点滑稽也没什么）。

· 确认暗号使用的场景。和孩子讨论谁来使用暗号、在什么情况下使用暗号，并达成一致。

· 扮演练习或者讨论暗号使用的场景。有趣一点儿，不要让这个过程变得无聊。

· 先试用一下暗号。试用三天，或一周？

· 时常回顾暗号，如果必要的话可以更正，加入限定条件（比如，"不要在我洗澡的时候用暗号，这样暗号就不起作用了"）。让孩子获得自主权，帮助你在错误中学习。通过暗号起作用或没起作用的场景汲取教训。

以下是我家使用的一些暗号：

· **花椰菜冰激凌**：因为太饿了，所以没法做事。马上停下所有事，去吃点东西！

· **泡泡糖**：振作起来，你可能不太愿意听到我接下来要跟你讲的事情，但我还是得和你说，可以吗？如果你准备好了，告诉我。

· **够了**：虽然很有趣，但是有人受伤了，所以我们最好还是停下，因为我快失控了，我不希望最后是妈妈命令我们停止游戏。

· **绳子**：大家避一避，我正在努力克制，但我可能要发脾气了。

· **不要戳小熊**：让你的兄弟姐妹自己待一会儿，他们现在不想被打扰。

· **聪明点**：我知道你要自己做决定，我不太认同你要做的事情，所以请你再仔细考虑一下，确保你以后不会为此后悔。

认同、同情、共情

我们很难确定自己做得对不对。家长总是会问我："我做得对吗？"我们需要被肯定，想知道自己做的决定是对的，能够让孩子走向独立。如果我们日子过得很辛苦，就更需要认同和同情。孩子也是这样。

记不记得孩子还小的时候，摔倒之后，需要你去确认他们是不是受了伤。现在也是这样。"问题孩子"的生活中有很多坎坷，孩子需要你亲亲他们，让他们好受一些，和他们建立信任和亲密关系。孩子希望能够被你理解、倾听，希望你了解他们经历的痛苦，认同他们受伤的感觉是真实而非虚假的。我的丈夫大卫·泰勒–克劳斯经常说："被倾听和被爱感觉很像，人们很难区别两者。"

布琳·布朗（Brené Brown）在《同情和共情的区别》（The Difference Between Sympathy and Empathy）的演讲视频中提到过特蕾莎·怀斯曼（Teresa Wiseman）对共情四个维度的研究，她探讨了共情和建立亲子联结之间的关系：

1. 转换视角；
2. 不评判；
3. 感知他人的情绪；
4. 沟通感知到的情绪。

布朗问："什么是共情？共情和同情为什么不一样？共情建立联结，而同情会斩断联结。"对"问题孩子"来说，情感联结是非常重要的。我的孩子无数次告诉我："妈妈，有时候我只需要你说一句'可怜的孩子'。"

如果我们和孩子之间有情感联结，我们就能参与到他们的事情中，教他们，给他们提供帮助，给他们赋能，最终让孩子走上独立和成功之路。如果我们和孩子之间的联结没有了，孩子会拒绝我们，关闭那扇沟通之门（即便他们不会直接把门拍在我们脸上）。如果孩子不再听我们的话，那就像我们把脑袋不停地磕在那扇沟通之门上，沮丧、恐惧、不知所措，不知道怎么打开这扇门。

ACE法则（A是认同、C是同情、E是共情）能够帮助我们与孩子沟通、建立联结。

认同 + 同情 = 共情

认同：用语言描述孩子的经历，让孩子确认描述对不对。孩子会觉得自己被倾听，而不是自己"做错了"。

"我猜你站在柜台上的时候忘了自己不该那样做，对吗？"

"你姐姐的书包打到你，吓到你了。我知道你不想伤害她，只是你被打到的时候，第一反应是打回去。"

"我让你倒垃圾的时候，不知道你有没有听到我说话，做了我让你做的事。"

同情：告诉孩子你理解犯错误和被要求做不想做的事情的感受。幽默可以加分。

"如果我特别想做什么事，我也很难克制自己。"

"我受到惊吓的时候也会被吓坏，有时候我很难控制自己。记不记得那次我看见蟑螂的样子？"

"当我专注地做一件事的时候，有时我听不到别人在和我说话。"

笔记：在向孩子表达认同之后，可以稍稍停顿一会儿，再表达同情。你可以多表达几次自己的认同和同情，大家准备好了之后，再到下一阶段。

探索：解决问题，告诉孩子下次遇到这种情况可以用什么不同的办法应对，和孩子商量一个折中的办法，或者和孩子一起创造一个暗号，让孩子重新找回控制感。如果孩子开始觉得沮丧，就回到认同和同情阶段。

"如果你想拿高处的东西，其实你可以求助别人或者找个垫脚的东西。有什么办法可以提醒你不要攀爬高处吗？"

"你受到惊吓的时候，可能会伤害到别人，虽然你不是故意的。让我们想一想怎么帮你找到其他的应对惊恐的方式吧。我知道你爱你的姐姐，我们先确认她现在好好的，向她道歉，之后我们再想办法，好不好？"

"你高度专注的时候，周围的一切似乎都不存在了。如果我想让你做什么事，我会试着先让你注意到我，怎么样？我是应该拍拍你的肩膀，还是问出声，让你注意到我呢？"

自我对话：去询问，不要只是告知

我女儿八年级的时候不想上舞蹈课了，我丈夫问她为什么做出这样的选择。女儿很沮丧,说:"我现在不需要培训师,我需要爸爸。"

她爸爸笑了,说:"上车吧,你应该去上舞蹈课。"

女儿回答:"你还是当我的培训师吧。"女儿最后也没有去上舞蹈课,但是她搞清楚了自己不想去的原因,最后在我们的全力支持下,很好地处理了友情问题。

我更愿意让她去上舞蹈课吗?说实话,是的。但是女儿是一个独立的人,她可以自己决定要不要上课。我们不能直接命令女儿做我们想让她做的事情。我们能逼她去上课吗?当然能。但是逼她去上课最后又能怎样呢?有时候我们太沉迷于让孩子学我们想让他们学的东西了,最后我们反而成了孩子学习之路上的阻碍,让孩子没法学他们想学的东西。

随着孩子的成长,我们需要听从苏格拉底的智慧,从告诉孩子怎么做,变成征求孩子的意见。孩子可以通过问题找到自己的答案。不要说"我已经告诉过你了"这样的话,而是让他们自己去处理信息,运用技能搞清楚问题所在,从经验中汲取教训,最后做出决定。

如果你发现自己总是在说下面这样的话,那么也许你"告诉"得太多了:

- "我试着告诉她⋯⋯"
- "我已经解释过⋯⋯"

- "我告诉过他……"
- "……很重要。"
- "我给他列了单子，但是……"
- "在……之前我们只剩下几年时间了。"
- "如果他……那是不行的。"

我们培训的秘诀在于提出问题。不要提质问孩子的问题，而要提开放式的问题，也就是没有办法用是或不是来回答的问题。提问题不是为了告诉孩子该做什么，或者该有什么感觉，而是为了让孩子思考他们可以做什么，他们真正的感觉是什么。

提问题是一种邀请，一个人对另一个人发出的邀请。提问题的意思是"你的想法、你说的话、你真正的感受对我来说很重要"。当然，我们还要记得倾听别人的答案，这也很重要。

如果我们和孩子的沟通方式只有一种：不停地向孩子说教、命令或者说服孩子，那么亲子沟通就荡然无存了，最终孩子会一点儿话也听不进去。你真的能因此而责备孩子吗？只要是人，就会抗拒被控制。

很有意思的是，如果年幼的孩子想自己完成一件事，我

> 有时候我们太沉迷于让孩子学我们想让他们学的东西了，最后我们反而成了孩子学习之路上的阻碍，让孩子没法学他们想学的东西。

们反而会非常骄傲地欣赏幼儿的独立性和自我决断。我们让婴幼儿做决定、做选择，避免他们大哭不止。

孩子越大，这样的自主锻炼越重要。然而，我们却说教得越来越多，给孩子的选择越来越少。孩子不再为了取悦我们而做事是自然而然的发展，这意味着孩子发展出了健全的自我。但我们却总是把这样的现象看作"问题"，而不是机遇。

你迷惑不解："但是如果孩子不去做他们应该做的事，我不应该保证孩子完成任务或者至少学着怎么做吗？"我们的目标是和孩子沟通，这样孩子就能够从你那里接收信息，愿意根据你给出的信息做一些事情。

找到合适的时机教育孩子是我们要做的工作。我们希望孩子为成年做好准备，我们用自己的价值观抚养他们长大，确保他们能够学到我们的经验。所以我并不是建议你放弃对孩子的指导和教育。

关键在于，要让孩子开始把成功看作自己的责任。我们要思考如何提问才能让孩子专注于下一步行动。孩子可能不会选择你觉得最好的选择（比如参加学校的舞蹈课），但是孩子回答你的问题之后，就能做出自己的规划，掌握自己的人生。

让孩子开始把成功看作自己的责任。

自我提问

- 什么时候你倾向于解决自己的问题,而不是孩子的问题?
- 你如何与孩子合作?
- 如何让孩子认同你的做法?
- 什么是你很难控制的东西?也许你可以记下来。
- 你能够想出什么场景比较适合应用 ACE 法则,并产生有利的结果?你觉得 ACE 法则对你的孩子有用吗?
- 你能够自在地提出开放式问题吗?

我的故事

  我最小的孩子 6 岁时,我开始进入培训师的世界。幸运的是,孩子情绪爆发最密集的时候是 9 岁,我那时候已经学会把他的情绪健康放在首位,让我的控制欲退后了。我和丈夫用了这本书中提到的所有方法、策略和概念,一起驾驭他强烈的情绪风暴,渐渐找到了缓解的办法。孩子上高中的时候,已经很少情绪崩溃了,能和他人建立非常和谐的关系,而且有着非常出色的沟通技能。18 岁的时候,他给我发短信说他出了车祸,那时我正要去参加一个集体培训课。我大声地笑了出来,深呼吸,关掉了我的手机,我完全相信他能够处理好这件事。这条短信是这样写的:"警察在路上了,事故是她全责。她感觉很糟糕,所以我表现得非常友好。她说这是她遇到的'最冷静的交通事故'。我现在很好。"之后他补充说,"警察出现了,我关掉了音乐,告诉警察责任人给了我一个爱的拍拍。警察笑了。事实上,整个等待的过程我都没法让那个撞了我的人笑出来,她感觉很糟糕,我为她感到难过。"

  重点:听课,用书里的办法,相信方法起效的过程。你的孩子会成为他们注定要成为的非常棒的年轻人。陪伴在孩子身边,和孩子一起进步,让孩子走向卓越。

第十二章

CHAPTER 12

"我怎么知道有没有效果？"
"How Do I Know If It's Working?"

整合起来
Bringing It All Together

> 我们需要寻觅生活中那些微小的快乐，让它们成长壮大。
>
> ——一行禅师

即使是最有成算的父母也会遇到困难

想象你在看马戏表演，小丑在人群中选中你参与到表演中。你很犹豫——要去走钢丝？小丑在你耳边低语："平衡木是固定好的，会让你保持平衡，你是绝对安全的。"你很不情愿地同意了，毕竟，这只是一个表演而已，有安全网，观众都在疯狂地鼓掌。

为人父母的过程也有点像马戏表演，风险和安全同时存在着，看起来风险极高，但其实很安全。

做"问题孩子"的父母似乎也是如此，但是有一点不同。你一开始钢丝走得好好的，忽然，你不可置信地发现观众都悄悄离场了，马戏表演者都消失了。你害怕地往下看，不确定那里有没有安全网，你知道现在只有自己一个人，在大帐篷的半空中走钢丝，然后你非常惊恐地发现，你的孩子正坐在你的肩膀上，孩子唯一的安全措施就是你。

事情发生变化之前，你周围有很多鼓励你的人，你很自信，觉得自己的这段旅途会非常安全。但是现在你陷入了困境，非常想要孩子安全落地。你没有选择。你现在已经在钢丝上了：你坚定，但也恐惧，觉得自己得为此负责，但又很无辜。

你现在的使命是让你和孩子安全落地，但怎么才能做到呢？你不知道。

· 一开始你陷入恐慌，尖叫着求助，但这只能让你失去平衡，所以你深呼吸几次，重新找回重心。

· 之后你开始一步一步地向最近的落地点挪动，你现在需要非常慢地行动才行。你一摇晃就停下来，这看起来是个好办法。

· 现在你完全僵住了，因为你明白了一件事：你不想做没有意义的事，你现在陷入了僵局。

· 你急切地想要到达终点，开始试着往另一个方向走。再一次，你摇晃不已，沮丧地停下来。现在该怎么办？

· 你被尴尬甚至屈辱的情绪笼罩，怎么会到了这个境地？你不想求助，但事实上你必须求助他人。

· 最终，你慢慢拿出手机，打了911。消防员拿着高高的梯子和安全网，让你安全着地。

· 这场痛苦的折磨结束之后，你觉得自己简直是个超人了。你的孩子知道每一步你都陪着他，你们可以一起做到任何事。大家知道你做到了——你真的做到了！

· 忽然你又回到了马戏团，被情绪高涨的观众包围，不再站在钢丝上。现在，你站在地面上，安全得很，带着笑容欣赏表演，又开心起来。

"问题孩子"的家长会一遍又一遍地尝试所有方法。有些人会陷入恐慌，有些人偶尔求助，但没有什么规划，有些人则会尝试不同的方法，因为这些方法就在眼前，看起来好像能奏效（即便它们最后没奏效）。我们备受折磨，做不了任何事，或者根本不知道该做什么。我们陷入僵局，比起维持现状，我们更害怕做出改变，即便我们现在的做法一点儿效果也没有。

这些我都经历过，十几年来一直如此。像一只弹球，我从一个专家换到另一个专家，大叫着求助，却徒劳无功。我太害怕了，让孩子去所有我能想到的心理治疗师那里，想解决我能解决的一切问题。我有时陷入僵局，有时又不得不收拾残局。我竭尽所能，却错过了好多让孩子学会学习的重要机会，因为我那时候正想尽办法矫正孩子的"问题"。

我花了很长时间才得到真正需要的帮助，这份帮助让我理解了最重要的真相：我的孩子只需要相信我明白他们，我会搞清楚他们到底需要什么。比起高空中的钢丝，我更喜欢小丑车！

  当我们抛弃抗拒、羞耻、尴尬以及所有阻碍我们前进的东西，去寻求并接受我们需要的帮助时，真正的改变就会到来！这个过程可能不优雅也不容易，我们刚有孩子的时候肯定没预料到这些问题。但是改变真的会到来，只要你愿意在大家面前展示自己，必要的时候去求助。最后你会发现真正的答案一直在你自身：相信自己。

重塑思维：要进步，不要完美（改进然后重复）

  暑假的时候，我儿子和朋友在家里玩。我第二天早上要用家庭娱乐室，他答应会打扫好，并再三向我保证他不需要我提醒。结果早上房间根本没有打扫，我叫醒他："很抱歉我要叫醒你，亲爱的。我知道你想要睡觉，但是我们说好了，今天早上家庭娱乐室会打扫好，然而你没打扫。所以请你起床，然后做你昨晚该做的工作吧。"他嘟囔着，说等一下再做。我很同情他，但也很清醒："我知道里面很脏乱，拜托，现在去打扫，我的朋友们要来了。"

  他会高兴吗？当然不高兴。他打扫的时候是不是很生气？当然生气，尽管他没有表现得很粗鲁。这是一个自然后果。他没法真的和我吵起来，因为我是有道理的那个；我让他对自己之前同意的事情负责。我做得很不错。

下次他再用家庭娱乐室的时候，我提醒他收拾好房间，这样别人才能用，然后检查他的行动计划，这样他就不用像这次一样被叫醒了。我没有批评他的行为，也没有让他觉得丢脸。我只是说事实。后来我再也没有需要叫醒他过（目前为止）。

德怀特·艾森豪威尔（Dwight Eisenhower）曾经写道："计划毫无用处，但是做计划的过程却很重要。"这句话对解决"问题孩子"身上的问题非常实用。我们不能期待所有事都完全按照我们的预期顺利进行，在我们第一次做的时候就完美成功。我们想让孩子提高自我管理能力的尝试，可能第一次（或第二次）都没法成功。我们得记住，不断纠正在这个过程中是非常正常的。

事实上，事情的开始和结束可能十分模糊。你觉得很舒坦的时候，变故就来了；你觉得自己做完了一件事的时候，可能另一个问题又出现了。每当你觉得自己已经明白了需要了解的东西时，你就会发现你还有更多的东西要学习。

我们可能会因为绝望而尝试新方法，或者做些徒劳无功的事情，仅仅因为我们不知道还有什么别的办法。不过就算是微小的进步，都有着巨大的价值。我们可以逐渐培养孩子的自我意识、独立性，一步步培养，而不是一蹴而就。

这个过程就好比攀岩，这是个十分恰当的比喻。攀爬岩石表面的时候，新手会尽可能地伸展手臂，用手臂带动身体往

<u>一点一滴的进步最终会带来质变。</u>

上爬，但是这样很快就会体力耗尽。有经验的攀岩者知道要想坚持得久，就得迈小步，像蜘蛛一样攀爬。注意力放在脚上，而不是手上，在胳膊能够到的范围内找机会往上爬，哪怕只是一点点。

一点一滴的进步最终会带来质变，追求完美只会陷入僵局。要慢下来，评估取得的进步，确保你在尽可能高效地利用时间和精力。黛安娜和我把这个过程叫作"改进然后重复"。这个过程有几种不同的形式：

· 坚持一个方法，应用3个神奇问题（见第十章），修正，改进，再次尝试。

· 差不多就继续（见第八章），瞄准新目标，解决新问题。

· 辨别哪些方法有效，把这些奏效的方法应用到问题的解决中（见第十章）。

· 要注意你认为的问题可能不是真正的问题，重新开始的时候要转换视角。

当你觉得压力很大的时候，停下来反思可能很难，但是停下来很重要。注意什么办法有效，什么办法无效。任何时候，只要可以，就让孩子参与到谈话中来。不要对孩子的想法嗤之以鼻，让孩子去尝试，即便你很确定孩子的想法不会有用（当然，要保证安全）。之后不要批评孩子，而是要给孩子赋能，用上面说的"改进然后重复"的办法。

方法：教孩子学会求助、接受帮助

> 有时候我很擅长向他人求助，得到我想要的帮助；有时候我不想求助，抗拒别人的帮助。但是我注意到，每次我振作起来向他人寻求帮助，我的生活都会简单明快很多。我的呼吸更轻松了，走路步子也更轻快了。我希望大家能够感觉到这一点，能够感觉到担子减轻了。阿特拉斯[1]把整个世界都背负在自己的肩膀上，我们却不用如此。
>
> ——贝克斯·泰勒-克劳斯（Bex Taylor-Klaus），《炫耀》

这本书中有没有一个最重要的方法？有的。

某种程度上，这本书的所有内容是为了鼓励你去寻求你需要的帮助，让你的孩子也能从你或者他人那里寻求、接受帮助。我们希望孩子能够为自己争取权利，希望孩子能更了解自己，知道自己需要什么，学会分辨能够让他们取得成功的方法。虽然这是一个很难传授的技能，这个技能却会让孩子终生

---

[1] 希腊神话中的擎天巨神。——编者注

受益。

尽管我们已经习惯于拒绝寻求帮助，没有人能够单独成事。我们相信我们知道如何帮助孩子，或者孩子自己能好起来。我们说服自己只需要再努力一点儿，再多读一本书，找一个顾问或者等一等。在这一切的背后，其实是我们不想接受他人的帮助。

我们的孩子也有同样的感受。尽管他们遇到了很多难以解决的问题，让他们无法管理自己的生活，但他们也不想寻求帮助，不管是向我们还是向其他人。孩子觉得他们应该做到同龄人都能做到的事情，希望自己能和其他人一样。他们不承认自己正遭遇困境，抗拒别人提供的帮助，相信他们会自己好起来。通常来说，孩子抗拒别人的帮助是因为他们觉得：

- 犯错不可原谅。
- 求助二字不在他们的字典里。
- 他们没有准备好应对他人的期待。
- 他们不知道自己需要什么帮助。
- 他们压力很大，但是不希望任何人知道这件事。

向他人求助有可能很可怕，我们可能会受伤。孩子遇到的难题太多了，不知道可以信任谁。他们会得到他人的理解和接受，还是刻薄的评判和羞辱？他们要冒着被羞辱、陷入尴尬的风险去求助吗？求助会带来什么不同吗？

我们生活在群体中，有很多方式可以向他人求助、让他人帮忙。所以，我们得努力创造一个宽松的环境，让求助变得安全可靠。如果我们真的希望孩子能够接受我们的帮助，我们就得以身作则，经常提及这件事：随意地指出我们大多数人都没法自己剪头发、让孩子知道你也会因为交税而向他人求助，或者向他们请教电子产品的使用方法。

和孩子保持亲密关系能够让孩子更信任我们，最终，让孩子愿意向我们和他们信任的人求助。孩子会学着依靠人际关系，在需要的时候寻求帮助。这最终会让他们在未来向他人寻求指导。

向他人求助的能力会让孩子终身受益。我女儿上大学的时候给我打电话，我间接地感受到了向他人求助的益处，她说："妈妈，我和院长谈话了，我搞清楚现在我面临的问题了。"她为自己感到骄傲。我一直希望她能如此：明白向他人求助是成功的必经之路。

不要批评指责

我会和孩子"约会"，至少在他们小时候，我不时会和他们每个人单独在一起一段时间。我给这些约会设定了两条规则：让孩子选择约会的活动（在合理的范畴内）；不纠正他们的行为（只要他们安全）。如果他们想用手吃饭，我会控制住我的嘴，专心享受当下的快乐。

"问题孩子"总是被朋友、老师、家长纠正来纠正去，很多时候我们根本意识不到自己的行为，纠正他们小错误的话语自然而然地就脱口而出了。我们简单的一句"不要那样做，要这样做"对孩子来说影响巨大。孩子会开始把每一个无伤大雅的纠正话语看作严厉的批评。

"但是我得告诉他们怎样才能做好。"你抗议道。

不，你不需要这样，至少不是每次都需要。有时候什么都不说会更好。大多数情况下，孩子知道他们应该怎么做，但是他们做不到。孩子已经很沮丧了，不需要你再去提醒他们。即便你是无意的，一再地提醒他们犯下的错误也会让他们丧失继续尝试的愿望。

你可能听说过一些研究，鼓励我们纠正孩子一次就要夸奖孩子三到五次，让孩子建立自尊。坦白说这很难做到，特别是我们根本意识不到我们说的话在孩子看来是批评。孩子的世界里一切都只与他们自己有关，他们会把一切当成针对他们的！所以，你要怎么做到夸奖和批评 5∶1 呢？

和孩子保持亲密关系能够让孩子更信任我们，最终，让孩子愿意向我们和他们信任的人求助。

孩子做好事的时候大力表扬

我向你发起一个挑战：一周之内，如非必要，不要以任何方式纠正孩子的行为。如果孩子的行为很危险，当然要纠正，你要保证他们的安全。但是其他时候，看看如果你不批评他们的错误会发生什么。

注意一周之内不纠正孩子的问题会发生什么变化。管住自己批评的嘴巴的同时，肯定你能肯定的一切，增强孩子的自豪感，增加你的小实验的价值。

表扬孩子做对的一切，即便那是他们应该做的。诸如"谢谢你把垃圾扔了出去"或者"你待弟弟真友善"这样的话能带来的效果是惊人的。我们做得好的时候都喜欢听到表扬，而且你一般不会表扬得太夸张。即便我们什么都没说，想要消除他们每天听到的无意识的批评也不容易。但是这绝对值得一试。

我们可以试着做以下事情：

· 问孩子她最自豪的事是什么；如果孩子做了这件事，你要认同她。

· 孩子在某件事上表现很好，就强调这件事："我相信你肯定对此感觉不错！"

· 说我最喜欢说的这句话："我敢打赌你肯定为自己感到骄傲，是不是？"

· 有时候你可以说："当然，我为你感到骄傲——你太棒了——但是如果你为自己感到骄傲的话,那才真的很酷。这才是最重要的,是不是?"

我知道你可能有点儿起鸡皮疙瘩。你认真对待自己的责任,把抚养、教育孩子看作自己的职责,希望孩子能够表现得体。我尊敬这样的想法,真的。但是我们得记住,教育有很多不同的方法。我们很多人都把说教当作教育的默认方法,孩子需要在"一个又一个说教"里有休息时间。当我们专注于有效的教育方法,强化孩子的自尊、自信时,我们会渐渐发现其实我们并不需要说教。

考虑一下,尝试一周:最大限度地减少批评,在孩子做得好的时候表扬他们。你将发现这个方法也会让你好受很多。

坦诚沟通

> 我们都戴着面具。我们伪装着度过每一天。我对此感到厌倦。我花了太多的时间成为别人告诉我应该成为的样子……我现在只想做自己。我希望我能做自己,也能鼓励别的孩子做自己。在这个世界上我们需要更多诚恳、坦诚,甚至有点激进的自爱。
>
> ——贝克斯·泰勒-克劳斯,《炫耀》

为了改掉我迟到的老毛病，我决定不再找借口了。也许我前面的那辆卡车真的开得特别慢，交通真的很堵，车道真的很不畅通，然而真相呢？真正的原因却是我没有留出足够的时间。

我没有留出足够的时间，我迟到的时候这样说。你知道之后发生了什么吗？人们不仅没有批评我，或者觉得被冒犯，反而回报给我温暖、理解和同情。很多人都很惊讶，因为我居然说了实话。

这对我来说不太容易，我是一个正在恢复期的完美主义综合征患者。我曾经以为要成为一个好的培训师，我必须改掉自己的错误。我一直很讨厌承认错误！坦诚——培训过程中的关键环节——对我来说很难付诸实践。开放、诚实、直白、可靠并不难做到，但是承认错误就能不被指责、不受羞辱、不感到尴尬吗？这就有点儿超纲了。

我是一个成年人了，虽然没有确诊过，但的确有学习和注意力方面的障碍，我很容易因为一件事做得不够完美而尴尬，我想表现得游刃有余，但是内心深处，我却觉得自己处于崩溃的边缘。也许这就是我一直到现在才把坦诚这个原则分享给你们的原因，我们需要锻炼很久才能练出肌肉，这个过程可能很折磨人。幸运的是这本书中的其他概念会帮你实现目标。

坦诚其实就是允许自己有人性，也允许我们周围的人有人性。

坦诚其实就是允许自己有人性，也允许我们周围的人有人性。

很讽刺的是，坦诚现在已经成了我的超能力之一，让我和孩子、客户、家人、自己建立了纽带。我不再把一切都当成针对个人的。我有时候还是会抗拒坦白，但这很正常，不是吗？

大人总觉得自己应该给孩子或者青少年树立一个完美无瑕的榜样。我们把错误闷在心里、不愿意在孩子面前有分歧。我们说服自己给孩子做好榜样要完美无缺，然而不完美的榜样才是好榜样。

没有人喜欢完美的人——从不犯错的人和永远正确的人——这样的人很讨人厌。孩子尤其讨厌这样的人，孩子喜欢能意识到自己错误的大人，如果家长愿意承认自己犯了错误的话，孩子会更喜欢他们，因为犯错让家长变得更加可亲了。

让孩子为成年以后的生活做好准备，必须要让孩子知道即使是最杰出的人也会犯错误，即使是最亲密的关系也会有摩擦。如果我们不说实话，孩子就不可能从中受益。

会犯错的人是最有人性的人，他们能够从错误中学习，能够改变想法，虽然会沮丧，但最终能恢复过来。如果我们只向孩子展示闪亮的成功，孩子的视角会很单一，这样孩子犯错后，会非常刻薄地批判自己。坦诚能让孩子更深刻地理解我们的为人，又不会让他们过度参与到大人的问题中。简单来说，坦诚会让孩子知道大人也会遇到难题。

> 我们说服自己给孩子做好榜样要完美无缺，然而不完美的榜样才是好榜样。

一位老师承认自己在小测验里犯了错，一位家长承认晚餐时发脾气很不得体，都能给孩子做出坦诚的榜样，让孩子更亲近你，更尊敬你。孩子会觉得你是一个真实的人，可以信任，会更愿意参与到事情里，学习效率会更高。

我们中的一些人可能和孩子一样奇怪，让孩子看到这部分的你，允许孩子成为他们自己。就像我的孩子因为犯错而沮丧的时候我对他们说的那样："想做有人性的人？可以。"

自我对话：庆祝"小确幸"

有一次，我和 10 岁的儿子在国家公园沿着小溪散步，忽然，我在一块岩石的边上看到了一个措辞粗鲁、带着种族歧视意味的涂鸦。我把字母 KKK 刮掉了，向儿子解释为什么我觉得涂鸦很冒犯人。我们注意到另一块岩石上也有类似的涂鸦，他找到一块小石头，爬到那块岩石上，开始刮字。我们又刮又擦了几个小时，互相扶着对方，保证安全，身上有小擦伤也顾不上。我的儿子一点儿也没有抱怨，而是非常明白这个任务的重要性。

这种情况下，我还是觉得很感激，因为我陪着孩子做了正确的事情。我给孩子上了很重要的一课，却没有说教，这次

想做有人性的人？可以。

经历给了我和儿子建立深刻联结的机会。我们一起做了一次尽职尽责的好公民，我儿子也看到了自己身上的领导能力。之后我们往野餐地点走，路过一个非裔家庭，三个非裔小孩儿正往小溪那边走。我儿子微笑着说："妈妈，我很高兴这几个孩子去水边的时候不会受到伤害。"

我和黛安娜 2011 年建立了 ImpactADHD.com 这个网站，我们写的第一条小贴士非常简单且直白：庆祝！

黛安娜写道："庆祝就是纪念一个人或者一件事。"事实上"庆祝"这个简单的概念是有魔力的，可以扭转一个人的人生，尤其是孩子的人生。与自己对话的时候，小小庆祝一下可以让你渡过那些可能会让你停止前进的艰难时刻，更不用说庆祝可以让你和孩子之间的关系变得更好。赞美你爱的人会让你感觉很棒，即便你赞美的是微不足道的举动。

孩子会把自己经常犯错这件事搁在心里，他们害怕让我们失望，这会导致孩子觉得我们总是在指出他们的错误，即便我们本来没有。所以去庆祝那些隐藏在生活深处的宝石一样的善行吧，这能够平衡孩子对自己"总犯错"的认知，让孩子建立更正向的自尊感。

把庆祝活动拓展到生日和假期之外，庆祝一些不同寻常的经历——即使是困难中的一丝微弱的光芒也值得庆祝，我们遇到涂鸦那次就是如此。以下方法会有显著回报：

1. **庆祝小事**。寻找孩子生活中的闪光之处，庆祝每一天，好事再细微，也值得为之喝彩。放轻松，好好享受；可以做点儿蠢事，不时举办一个舞会。短时间内孩子可能会觉得难为情，但是渐渐地孩子的微笑就会多起来，想到他们"唠唠叨叨"的妈妈和"总是不满"的爸爸在厨房里唱起歌来，孩子会笑的。

2. **在错误中寻找成功之处**。当事情不顺利的时候，去寻找细微之处的胜利吧，庆祝这些微小的成功：

· 孩子做作业的时候很有创造力？夸一夸孩子的努力。
· 孩子把盘子刷干净了，不过是在水槽里刷的，而不是在洗碗机里刷的？认可孩子刷盘子的勤快。
· 孩子写完作业就没时间做别的了？庆祝孩子写完作业吧！

3. **找到可以庆祝的一线希望**。有时候我们庆祝的可能不是一个明显的"令人高兴"的事情，而是艰难时刻的一丝希望。我们用庆祝开始团体辅导课，像早晨一切无碍、作业按时交了，或者孩子没有反抗就不用电子产品了之类的事情都可以庆祝。家长也可以庆祝他们的成功，没有因为孩子表现粗鲁就大发雷霆、即使孩子考试不及格也能和孩子好好讲话都值得庆祝。有时候我们庆祝的"小确幸"就藏在危机之中。

庆祝不必局限于外在的成功或者重要转折；相反，要养成寻找日常生活中那些细微、珍贵、不寻常、隐藏之处的习惯。我们要寻找、辨别生活中的闪光点，如何应对孩子在不同情况下的表现、管理自己对孩子的期待，这些都可以庆祝。

我们培训的核心就是要庆祝"小确幸"，这对亲子沟通至关重要。最终，这可以让我们和孩子分担责任，把接力棒传给孩子。抚养"问题孩子"很难，我们可能会气馁，可能会遭遇无法想象的失落和沮丧，不过如果我们愿意拥抱所有的挫折和苦难，最终我们可以收获快乐，这份快乐比你一生中能想象到的最大的快乐还要大。

你准备好享受这段旅程了吗？

自我提问

- 你什么时候会陷入僵局？你是怎么陷入困境的？
- 你什么时候发现调整之后再尝试可以成功的？
- 你的孩子可以向外界寻求帮助吗？你呢？
- 你什么时候表扬过孩子的善行？
- 坦诚沟通是如何帮助你建立亲子联结的？
- 你会庆祝哪些隐藏在生活中的"小确幸"？

后记：伊莱恩和黛安娜的一封信
Afterword：A Letter from Elaine and Diane

> 走向理解的第一步是倾听自己的内心。
>
> ——一行禅师

亲爱的家长们、专家们：

2011年我们建立ImpactADHD.com网站时，ImpactParents.com网站为"问题孩子"提供了很多支持，却没有给抚养他们的家长提供多少帮助。我们成为培训师之后，也成了更好的父母，能够很好地抚养我们的"问题孩子"，这并不复杂，我们意识到可以把我们的经验传授给其他家长。众所周知，家长不需要说教，也不用接受心理治疗，家长需要的是实实在在的指导和帮助，这样他们才能最大限度地帮助自己的孩子。

我们的培训其实填补了空白。在我们的孩子还小的时候，我们是没有这样的培训课可以上的。我们的亲身经历给了我们的客户一个启示，家长真的可以让孩子的人生变得不同。所以很快我们就扩展了培训范围,让老师也参与进来,因为老师可能面临和家长一样的问题。专家们一直在告诉大家应该做什么,却没有人告诉大家应该怎么做。

这本书讲了很多基本的概念、方法、小窍门,都是我们从培训领域借鉴过来的,目的是教会家长和老师如何有效地为"问题孩子"提供支持和帮助。这本书只是一个开始。很多人需要的不仅仅是观点和信息,而是结合了训练、培训课以及其他支持方式的整体服务,让他们真正明白应该如何抚养"问题孩子"。你的孩子可能很难培养、教育,不过很可能你的经历并没有你想象的那么特别,如果你知道这一点,你可能会更自信、冷静一些。

我们希望你知道,你不是一个人在战斗。如果你感到不堪重负、沮丧低落或者任何其他负面情绪,都是很正常的。如果你总爱吼叫、控制欲强、喜欢回避问题、觉得迷茫,也是正常的。如果你能找回控制感,一切都会不一样——这也是很正常的。

我们希望你知道,你可以有很大的成就。你可以通过很多途径得到你需要的支持和帮助,是否寻求帮助取决于你。如果你选择向我们求助,我们希望能够帮你从这本书中获得需要的信息,并付诸实践。不管是向我们还是其他人,我们都希望能够鼓励你寻求帮助、接受帮助——教你的孩子也这样做。

我们希望你——所有家长——能够和孩子建立有力且亲密

的关系，这样才能让孩子爱自己。

最重要的是，我们希望你记得一件事，这件事你可能总会忘记，那就是：你可以！

伊莱恩·泰勒-克劳斯和黛安娜·登普斯特

（ImpactParents.com 网站创始人、SaintySchool.com 网站建立者）

团体讨论指南
Discussion Group Guide

《"问题孩子"抚育指南》的结构很好，家长和专家们可以把这本书作为团体讨论课的素材。每一章结尾后面的问题可以指导读书会的讨论小组、学校举办的家长会、在编教师培训会、社区中心举办的团体会或者读这本书的个人读者阅读本书。如果条件允许，理智进修学校（Sanity School）的专业培训师也可以提供现场指导。

这本书本身就是一个独立的思维框架，能够指导家长用培训师的方法来抚养、教育"问题孩子"。这本书同时也是配合我们的理智进修学校，给家长和老师做行为疗法训练项目的教材。我们可能会建立互助小组来让成员一起或者每个成员各自观看线上培训讲座，之后我们会进行小组讨论。如果学员有需要，我们的培训学校可以线上授课，由来自全球各地的专业培训师亲自授课。

理想情况下问题可以分为六个步骤解决。

第一步：用培训师的方法抚养问题孩子
第一章至第六章

关于孩子 / 青少年的问题：

・对孩子放手是如何让为人父母或为人师表的你更有干劲的？

・从现在开始，一个全新的开始对你来说意味着什么？

・讨论一段亲密关系，你和自己、家人、学员之间的关系，是如何改善了你和孩子、学生之间关系的。

・是什么影响了你的亲密关系（比如偏见、责备、不满等）？

・你觉得自己在抚养四阶段的第几阶段？你的孩子通常需要你在第几阶段？你的学生呢？

・讨论一下把目标定得很具体和泛泛而谈之间的区别。

・羞辱和责备是如何影响你向孩子、学生提供帮助的？

・讨论一下和解。谁想要或者需要和解？与谁和解？

・在哪些方面可以说你和你奇奇怪怪的孩子 / 学生是"绝配"？在哪些方面又不是？

・在"需要帮助"的视角下，讨论调皮和执行功能障碍的区别。

关于成人自我照顾的问题：

・你能接受的比较有帮助的事情是什么？

・停止责备自己对你来说意味着什么？

・什么时候你会先照顾好自己再照顾别人？什么时候你没做到？

・讨论与他人建立强有力的纽带如何改善了你的生活。

・哪些"自我鞭挞"会让你不自信？

・把步调调整到马拉松节奏抚养、教育孩子对你有什么潜在的好处？

・对你来说什么才是重要的？

・讨论回应和反应之间的区别。

第二步：激活孩子的大脑

第七章

关于孩子／青少年的问题：

・激活大脑的重要性。

・讨论执行功能的六个方面。

・讨论激励对"问题孩子"的意义。

・对"问题孩子"来说，掌握主导权有什么意义？

・对奖励机制，你有什么不同的看法？

关于成人自我照顾的问题：

· 你在什么情况下会过度悲观？讨论一下。

· 你如何管理自己的情绪开关？

· 什么事物能滋养你？

· 你什么时候最需要激活自己的大脑？你是如何做到的？

第三步：积极态度

第八章

关于孩子 / 青少年的问题：

· 20 年后，孩子对家里 / 课堂基调的记忆会是什么？

· 你会（或可以）用什么方式发挥孩子 / 学生的优长？

· 你是如何在无意识中设立了一个完美主义目标的？

· 让犯错变得可以接受的障碍和机遇是什么？

关于成人自我照顾的问题：

· 你如何与孩子 / 学生建立联结？

· 完美主义如何影响了你的人生？

· 如何能够在自己身上应用全然接受原则？

第四步：转变期待

第九章

关于孩子 / 青少年的问题：
- 你的孩子 / 学生是如何因为不切实际的期待而痛苦的？
- 阻碍你看清孩子 / 学生真实水平的是什么？
- 讨论自然后果和惩罚之间的关系。
- 讨论往最好处假设对孩子 / 学生的潜在影响是什么？

关于成人自我照顾的问题：
- 如何给自己设置合理的期待？
- 往最好处假设如何帮助了你？
- 你最拥护的人是谁？

第五步：系统与组织方法

第十章

关于孩子 / 青少年的问题：
- 讨论应付问题和解决问题之间的区别。
- 只在意结果是如何以牺牲过程为代价的？
- 把事情变得太复杂或者不可通融的危害是什么？
- 讨论一个领域的成功是如何带动其他领域成功的？

关于成人自我照顾的问题：

· 在错误中进步，你的阻碍是什么？

· 简单灵活地处理事情的意义是什么？

· 分享、庆祝最近取得的成功，比如不再用你的日程表。

第六步：整合起来

第十一章至第十二章

关于孩子 / 青少年的问题：

· 与孩子合作的意义是什么？

· 讨论增加孩子认同感的机会与问题是什么。

· 讨论语言是如何影响孩子掌握主导权的。

· ACE 法则的好处是什么？

· 讨论孩子 / 学生从问题而不是说教中成长的意义。

· 当你直接"告知"孩子做什么的时候，是否可以"询问"孩子的意见？

· 为什么寻求、接受帮助是非常重要的生活技能？

· 讨论孩子 / 学生抗拒向他人求助、抗拒接受他人帮助的原因。

· 如何表扬孩子的良好行为？

· 讨论家长对孩子坦诚的好处。

关于成人自我照顾的问题:

- 为什么寻求、接受帮助对你很重要?
- 头脑风暴一下当暗号对你有效时你可能会做的举动。
- 专注于进步而不是完美是如何帮助了你的?
- 坦诚如何帮你减轻了负担?
- 你会庆祝什么样的"小确幸"?

资源
Resources

给家长和教育者最好的资源，就是那些已经被证实可靠有效、覆盖面广、容易获取、适应需求的资源。如果可能的话，你也可以上传资源让资料库更丰富。为了不让你漫无目的地搜索，我会把所有有用的资源放在 ImpactParents.com 网站上。

ImpactParents.com 是一个免费的面向公众的内容网站，上面有许多优质的博客。网站的资源会定期更新。你可以在网站上找到这本书中提到的文章，还有黛安娜、我以及我们的团队非常信任的人写的其他文章，所有的资源和图书推荐都经过我和我的团队的审查。如果你找不到你想找的文章或作者，可以发邮件到 TheTeam@ImpactParents.com，向我们寻求帮助。如果你有其他国内或国际可访问的资源想推荐，请把资源发给我们，我们会审阅，如果可能我们会上传到网站上。

给家长的资源

ImpactParents.com 上的免费资源：

impactparents.com/start-here

impactparents.com/resources/free-impactparents-resources-for-parents/

网站周边产品、项目：

impactparents.com/online-store

推荐阅读：

impactparents.com/resources/recommended-reading/

可靠的同类机构组织：

impactparents.com/resources/friends-of-impactparents/

给专家的资源

ImpactParents 专业培训、认证项目：

impactparents.com/for-professionals/

可靠的同类机构组织：

impactparents.com/resources/friends-of-impactparents/

往 ImpactParents.com 上传免费资源，请访问：

impactparents.com/patreon

关于推荐心理治疗、行为疗法的一点建议

不论孩子成为"问题孩子"的原因是什么，家长都是孩子治疗过程的关键环节。孩子有什么慢性病症问题——多动症、焦虑症、青少年糖尿病、肥胖等——并不重要，在孩子看医生、接受辅导或者进行干预行为治疗的同时，家长进行行为疗法训练，能给家长提供重要的支持，帮助孩子学会管理自己。

行为疗法这个词有点让人迷惑。根据美国疾控中心（CDC）网站上的解释："家长接受行为治疗，也被称为家长行为干预训练、针对家长的行为疗法、行为科学角度的家长培训项目，或者被简称为家长培训项目。"根据 HealthyChildren.org 网站的定义："行为疗法有很多形式，但是有一个共同目的，那就是改变孩子所处的物理、社会环境，改善孩子的行为举止。"不管你如何定义行为疗法，其目的都非常明确：给孩子创造一个环境，让孩子能够"学习、巩固正向行为，减少有害行为或问题"（美国疾控中心）。

不管是通过上课、团体治疗还是私人会议的方式，家长、老师接受行为疗法训练都能让他们学会如何"更好地理解孩子的行为问题，学习特定技能去解决问题"（美国疾控中心）。行为疗法服务提供者通常是培训师、教育心理学专家、咨询师、心理学家、社会工作者。有时候这些专家接受的训练是直接给孩子提供行为治疗，这会绕开家长教育这个重要的环节。

在我看来，最好的办法（通常不太昂贵）就是和家长培

训师合作。每个人都可以"自称"培训师,所以挑选专家,尤其是能够坚守特定的职业准则、伦理界限的专家十分重要。我们还推荐和有"问题孩子"的家长或老师一起培训。家长培训师应该从国际培训师协会(International Coach Federation)获得资格证书,而且要对"问题孩子"家庭会遇到的状况了如指掌。许多家长培训师都通过手机、视频工作,这可以节省费用,让服务更加触手可及。如果地点不再是限制因素,家长就能根据自己的时间表来获得培训支持,而不用开车到很远的地方去。

致谢
Acknowledgments

我明白了为什么作家们都要去与世隔绝的小木屋里写作。写作是一项需要高度投入的工作，在此期间你不能把注意力分给任何人。不过作为一个母亲、妻子、执行总裁、培训师、女儿、朋友，我只能在空闲时间写这本书（此处应有笑声）。我想要感谢这些年来和我有联系的所有人，他们可能会觉得我是一个一心一意的伙伴。我的确是。感谢你们的慷慨、善良和仁慈。

我尤其要感谢：

LGRLiterary 出版社的吉姆，看到了我的前景，还要感谢 Quarto 公司，让这本书能够出版。感谢杰夫，他捕捉到了这本书中家长原型的精髓。还有内德，感谢你优美的引言。

我要感谢我 ImpactADHD.com 网站的团队，你们鼓励我，对我的书抱有热情。黛安娜、娜塔莎、谢利、布里、杰里米、克莱尔、凯特琳、希拉里——每周一开会的时候你们都笑容满满，这真是值得赞美的事情。

我那庞大的全球家长团、客户还有社群——你们向我暴露自己的弱点，对我坦诚，抱以信任，让我充满动力。我们热爱每天为你们提供服务，你们对我们影响巨大！

我的家庭服务团队——谢利给我腾出写作空间，还兼任我的啦啦队队长；苏西，感谢她十几年来做的一切；萨拉，帮我收拾房间和办公室，让我能够安心居住；索菲，感谢她的存在，还有她忠实的爱。

感谢我的父母（妈妈、爸爸），他们是我最忠实的啦啦队队长。

感谢我亲爱的朋友、兄弟姐妹和邻居——还有你们的好孩子们——感谢我们之间深刻的联结感和归属感，即便有时候我不在你们身边。

黛安娜，我十几年的合作伙伴，我不能想象没有你的日子。我希望我是你的骄傲，能够把你的成就展示出来，让你的智慧在每一页闪光。

感谢我的孩子——贝克斯／艾丽西亚、叙德、乔希——还有我的狗狗们，你们让我沉思，也带给我欢乐，你们是我能在这个世界上拼搏的根源所在。感谢你们的耐心，让我能够在培训服务中分享你们的故事，也感谢你们在遇到困难时展现的天赋。

我的守护者、我的伴侣——大卫·泰勒－克劳斯，我喜欢和你一起完成这本书的过程，这本书的诞生，是我们共同努力的结果，我爱你。

还要感谢我的培训社群：因为你们我才完整。